AF189918

REISEFÜHRER

„Abenteuerland Frau"

Sabine C. Pahlke
&
Hans-Jürgen John

Bibliographische Information der Deutschen Nationalbibliothek:
Die Deutsche Nationalbibliothek verzeichnet diese Publikation
in der deutschen Nationalbibliografie; detaillierte bibliografische
Daten sind im Internet über http://dnb.dnb.de abrufbar.

© 2019 Sabine Carola Pahlke
Herstellung und Verlag:
BoD – Books on Demand – Norderstedt

ISBN: 9783748172888

Autorenseite: www.Sabine-C-Pahlke.de

Korrektorat: Angelika Lehnert
Covergestaltung: S.C. Pahlke & H-J. John
Coautor: H-J. John

.Ähnlichkeiten mit lebenden oder verstorbenen Personen, Orten oder Handlungen
sind rein zufällig und nicht beabsichtigt.

Inhaltsverzeichnis

Worte Mitwirkender zum Buch

Eigentlich war das, was nun folgt, als Schlusskapitel geplant, aber ich möchte es gerne an den Anfang setzen :-).

So hier die Gedanken der Mitwirkenden über den Reiseführer:

Hans-Jürgens Worte als Coautor: „Also Männer, wenn Ihr bereit seid, zu leben, zu lieben, zu fühlen und zu wachsen, dann lest ... und schaut in Euch selbst, betrachtet Euch und lasst Euch auf Euch ein. Ihr werdet Wege zu Euch und zu Eurer Partnerin finden, welche ein gemeinsames Miteinander als Ziel haben. Richtet euch auf und geht auf die Reise ... !"

Eine Mitwirkende zum Reiseführer: „Sabine, immer wieder, während wir schrieben und lasen, fragten wir uns ob Männer den Reiseführer wirklich lesen und wenn sie ihn lesen würden, ob sie Geschriebenes verstehen. Weißt du was? Ich stelle mir jetzt Männer vor, die alles wirklich bis zum Schluss lesen werden und die von deiner Art zu schreiben (ein)gefangen werden.

Wenn sie fertig sind, sitzen sie da und denken: „Ende? Wie jetzt? Wirklich Ende? Das ging aber schnell." Denen würde ich jetzt gerne sagen: „Ja, Ende, aber für dich erst einmal sicher genug Information. Nun kannst du ein bisschen üben, bevor der zweite Band erscheint. Ja, du hast es geschafft bis zum Ende zu lesen, aber hast du auch verstanden? Falls dir jetzt als Erstes ein NEIN in deinem Kopf erscheint, dann sag ich dir: „Lies den Reiseführer noch einmal. Aber so, dass du ihn auch verstehst."

Angelika Lehnert (Esme): „Es ist nicht leicht Schlussworte zu finden, denn es wird niemals Schluss sein. „Du sammeln, ich jagen." Ein bekannter Künstler hat es in seinem Stück „Caveman" passend ausgedrückt: „Männer und Frauen werden sich nie verstehen, da sie unterschiedliche Sprachen sprechen." Ob Mann zu Frau, oder Frau zu Mann reist, der Urlaub könnte verdorben werden, wenn man nicht die Landessprache beherrscht, und wenn es nur ein wenig ist. Wenn man sich nicht schon vorab in Reiseführern von verschiedenen Regionen ein gewisses Bild gemacht hat. Nicht wahr? Zuerst war ich skeptisch wegen des Titels. Reiseführer. Doch dann, beim Lesen dachte ich; Ja, es passt. Ein Reiseführer ist immer nur ein Hinweis mit Vorschlägen, macht einen neugierig auch mal Neues zu entdecken. Mal ab von der alten Route zu gehen. Neues Land gewinnen. Daher ist es auch sinnvoll, Reiseführer dünn zu halten. Dünn und dennoch voll gepackt. So kann man in seinem Urlaub auch noch viele ungeplante Überraschungen erleben. Ein bisschen spannend sollte ja die schönste Zeit, die schönsten Zeiten, des Jahres schon sein. Oder nicht? Da freut Mann oder Frau sich schon auf die nächste Reise."

Eine weitere Mitwirkende: „Endlich einen Reiseführer für das Abenteuerland FRAU! Hat Mann darauf gewartet? Hoffentlich!! Denn „Frau" hat darauf gewartet - auch auf MEHR Männer, die sich NICHT rücksichtslos, wie Ballermanntouristen auf Malle benehmen, die NICHT, nichts in Worte fassen, sondern tollpatschig auf das deuten, was sie haben wollen - wenn sie ins „Abenteuerland Frau" reisen. Sei es in ein Fremdes oder Wohlbekanntes.

Viele Frauen wünschen sich einen Mann, der um „ihre" kulturellen Besonderheiten weiß, wenn er ihr Abenteuerland besucht. Der die Unterschiede zu bisher Vertrautem, als bereichernd empfindet und zuhören und verstehen kann. Der, falls er auf Anhieb Situationen, die entstehen können, nicht versteht, diese akzeptiert und respektiert. Der die Sprache des Landes versteht oder eben bereit ist, sie zu lernen.

Dieser Reiseführer kann „Mann" dahin bringen, neugierig darauf zu werden, wie es sich anfühlt, sich mit allen Sinnen und vollem Herzen auf das „Abenteuerland Frau" einzulassen. Er kann dabei helfen, dass Mann „kundiger" wird, so dass er Pfade durch Urwald, Sumpf und Untiefen, besser bewältigen & meistern kann. So wie das Gelesene ihm dabei helfen kann, nicht abzustürzen, wenn er an Abgründen steht. Ja, DANN kann er viel leichter, die Schönheiten des Abenteuerlandes FRAU entdecken und mit ihr gemeinsam verzaubernde Landschaften erforschen, rauschende Wasserfälle bewundern, sowie in faszinierenden Unterwasserrevieren tauchen, geheimnisvolle Höhlen erforschen, auf hohe Gipfel klettern und atemberaubende Aussichten genießen."

„Abenteuerland - Ausgangspunkt Herz!"

3

Vorwort - Warum dieser Reiseführer?

Ein Vorwort wird ja gerne vom Lesen her „übersprungen". Dieses hier zu lesen, wäre sinnvoll ☺, da es schon ein erstes Kapitel darstellt.

So viele Jahre nun schon, schreibe ich Romane, in welchen es um das Miteinander von Mann & Frau geht. So unendlich viele Gespräche habe ich seither mit Frauen & Männern geführt, was das allgemeine Miteinander und die Sexualität betrifft. Dann eines Tages, war es da, das Bedürfnis ein sogenanntes „Handbuch" zu schreiben. Diese unendlich vielen, sich vom Inhalt her stets wiederholenden Gespräche mit Frauen - auch jene, die ich neu kennenlernte - über das Verhalten von „Mann", brachten da in mir schlichtweg ein Fass zum Überlaufen. Ja, ich traf eben auf jene Frauen, die es genauso erleb(t)en wie ich. Das hatte wohl seinen Grund und es brachte mich dahin, Nägel mit Köpfen zu machen und darüber auf neue Weise zu schreiben. Für einen kurzen Augenblick, dachte ich sogar darüber nach, ob es eine „Gebrauchsanleitung" geben soll, doch das klang mir dann doch zu makaber ;-). Wobei einige Frauen dann doch meinten, dass eine „Gebrauchsanleitung" sicherlich besser verstanden werden würde - von so manchen Männern. Solch eine „Gebrauchsanleitung" würde ja in kurzer klarer Sprache ausgedrückt werden. Mein Gegenargument war, dass ich nicht vorhabe, den Marker auf „gebrauchen" zu setzen. So schrieb ich im ersten Kapitel ungefiltert alles auf, was mir in den Kopf kam, erst einmal davon ausgehend, es wird wohl nicht so stehen bleiben. Das hat richtig gutgetan. Erst viel später wurde mir bewusst, wie „gefiltert" ich in diesem scheinbar ungefilterten Schreiben noch war. Eine weitere Idee flog mir zu. Ja, diese Idee gefiel mir. Frauen könnten sich zu Wort melden. Daher bekamen dann verschiedene Frauen meine Kapitel zu lesen und einige schrieben sozusagen mit. Die erste Rückmeldung brachte mich zum Schmunzeln: Liebe Sabine, ich liebe die Art, wie du schreibst. Für mich ist dieses „Handbuch" sehr schön und stimmig. Ob „Mann" es jedoch so liest, und versteht, wie es gemeint ist, mag ich nicht zu beurteilen. Ich habe die Erfahrung gemacht, dass alles, was „Mann" zu lange dauert, oft ignoriert oder übergangen wird und nicht selten „Augenrollen" verursacht. Daher würde ich vorschlagen am Ende jedes Kapitels, kurze knappe Informationen in Stichworten, beizufügen. Eine weitere Idee war geboren und ich ging auf die Suche nach einem Mann, welcher Kurzfassungen für die einzelnen Kapitel schreibt und dieser Mann fand sich. Hans-Jürgen John. Mein Seelenfreund. Unsere Bitte an Ihn war, diese Kurzfassungen richtig „überzogen" zu formulieren. Er hätte da vollkommen freie Hand. Ich grinste breit, und war dermaßen gespannt, wie er das umsetzen würde. Hach je und dann war ich nur noch am Lachen. Es war tatsächlich so, dass kaum, dass ich zu schreiben begann und Frauen schon lesen durften, alles zu fließen anfing. So bekam ich eine weitere E-Mail von einer Frau: „Sabine, dein bisher Geschriebenes, das finde ich richtig gut. Es ist locker und verständlich. Bis auf die Überlegung den Titel „Gebrauchsanweisung" zu verwenden. Männer lesen keine Gebrauchsanweisungen und würden auch selten nach einer Wegbeschreibung fragen. Männer schauen gerne Bildchen an *breitgrins*. Deshalb auch Bildchen bitte, als Pause für Mann einfügen ;-) ... Werkzeugkasten mit Sexspielzeug vielleicht?"

Ich war nur noch am Lachen. Wie konnte ich das aber auch vergessen. Verzeiht mir liebe Männer, aber lasst uns

Weibsers, zwischendurch in diesem Reiseführer, einfach mal pööööse sein *gigger*, weil das mal rischtisch guttut. Fazit war: „Das Buch wollte EINDEUTIG zur Welt kommen." Ganz im Schreibfieber war ich - oh jaaaaa, SCHREIBFIEEEEBER und WUMM, war nach weiteren Seiten, der Buchtitel präsent: „Reiseführer - Abenteuerland Frau." Das gefiel nicht nur mir, denn in einem „Reiseführer", da steht ja ALLES drin, was an Information wichtig ist. Da bekam ich dann ein Dauergrinsen. Hier war ich wieder mal dankbar, für die wundervollen Menschen in meinem Leben, welche stets mit Rat und Tat zur Verfügung stehen. Des Weiteren beschloss ich zu diesem Zeitpunkt, das zuerst Niedergeschriebene doch stehen zu lassen und dem ersten Kapitel einen dementsprechenden Namen zu geben. „Auskotzen - Kehle befreien". Warum? Ganz einfach und ich höre es immer wieder, das es nicht nur mir so geht … in all der Liebe, die ich zum männlichen Geschlecht empfinde … bei all dem Verständnis, das ich für sie habe … ist da auch manchmal dieses Unverständnis, dieses Nichtbegreifen … und diese Wut, vermischt mit tiefer Traurigkeit, dass „Mann" zu oft sein Fühlen im Umgang mit „Frau" verliert. Oftmals bemerkt er das gar nicht. Das scheint wie ein Automatismus zu sein, welcher ihm nicht wirklich bewusst ist. Außerdem wird oft auch viel zu wenig körperliche und emotionale Nähe gelebt. Auch im Alltag, welcher doch letztendlich ein Teil eines „Vorspiels" ist. Ja, da ist Traurigkeit darüber, dass man nicht konstant liebevoll und fühlend miteinander sein kann. Das es so oft an Wertschätzung, Achtung und Respekt füreinander fehlt. Es schlichtweg vergessen wird, im alltäglichen Stress oder der Gewohnheit. Das man sich als Frau irgendwie, irgendwann auch als selbstverständlich betrachtet fühlt - für Mann.

6

Traurigkeit, das man nicht gemeinsam daran arbeitet, das es anders wird. Das es irgendwie an Kommunikation mangelt oder keine gemeinsame Sprache gefunden wird. Ganz speziell auch im Bereich der Sexualität. Das zu viele Männer gar nicht merken, welche Sprüche sie manchmal loslassen und wie verletzend das sein kann. Wo ist das Feingefühl, die Empathie? Sicher gibt es dies auch im umgekehrten Falle. Da ich aber nun mal für jene Frauen schreibe, welche es so erleben wie ich es erfuhr, gehe ich darauf jetzt nicht ein. Vielleicht mag ja ein Mann einmal einen „Reiseführer - Abenteuerland Mann" schreiben :-).

Nun zurück. Ein tiefes fühlendes Miteinander, als auch Kommunikation, welche einen gemeinsam, eine wunderbare erfüllte Sexualität erfahren lässt - ist möglich und lebbar. Das Potenzial ist da, bei so vielen. Ich persönlich, bin unendlich dankbar, dass ich es schon erfahren durfte und dennoch weiß selbst ich, es würde noch mehr gehen. Ja, da ist noch mehr drin!! Was mich in all den Jahren des Austauschs mit Menschen so sehr geschockt hat, ist, dass es so viele Frauen gibt, welche das eben noch nicht erfahren haben ... und viele Männer auch nicht. Ich freue mich für jede Frau, für jeden Mann, welche dies schon erleben konnten oder es gar nicht anders kennen. Doch wenn ich an die Gespräche denke, welche ich schon geführt habe, ist dies die Minderheit. So wie ich erfahren habe, dass so viele Frauen denken, schon erfüllte Sexualität zu leben, und nicht mal ahnen, was noch möglich ist. Daher kotzte ich mich im ersten Kapitel erst einmal aus - sozusagen *grins*. Das, was hier im Buch zu lesen sein wird, setzt sich zusammen aus diesen unendlich vielen Gesprächen, welche geführt wurden und natürlich auch aus den Erfahrungen, welche ich mit meinen bisherigen 53 Lenzen gemacht habe.

Zu Aller erst: „Ich schere nicht alle Männer und Frauen über einen Kamm." Es gibt sicherlich auch ein intimes Miteinander zwischen Mann & Frau, welches wundervoll ist. Menschen, die es im WIR geschafft haben, das alles stimmig war und auch blieb. Ja, die gibt es sicher ... ABER ... „persönlich", meint „live", habe ich solche Menschen noch nicht kennengelernt. Leider - was nicht heißt, das ich nicht daran glaube, dass es möglich ist. Ich gehöre zu jenen, bei denen die Hoffnung als Letztes stirbt, daher lebe ich in einer Partnerschaft, an welcher stets wieder gearbeitet wird, wenn sich alte Muster einschleichen wollen.

Nicht alle Männer, sind gleich typisch Mann und nicht alle Frauen, sind gleich typisch Frau. Es gibt so unendlich viele Facetten bei Männern & Frauen und auch im Miteinander. Auch geht es meiner Wahrnehmung nach darum, dass wir gemeinsam aufgefordert sind, Dinge die nicht mehr stimmig sind, zu verändern. Gemeinsam wachsen eben! Dazu bedarf es aber Bereitschaft und nicht das Motto, welches ich von Männern leider schon zu oft hören musste: „So war es, so ist es und so wird es bleiben. Weil Männer sind Männer und Frauen sind Frauen." Auch von Frauen hörte ich diese Sätze schon und da schwang stets eine Hoffnungslosigkeit mit. Ja, Frauen und Männer sind unterschiedlichen Geschlechts, dennoch sind WIR ALLE „Menschen". Jeder Einzelne trägt einen weiblich fühlenden und einen männlich aktiven Anteil in sich. Beide wollen genährt und gefördert werden. Beide Anteile sind wichtig. Somit ist es auch sinnvoll, wenn JEDER bei sich selbst hinschaut, was zu ändern notWEND(E)ig ist. Frau wie Mann. Es geht nicht darum, Schuldzuweisungen zu verteilen. Auch hier im Reiseführer nicht. Mir geht es hier schlichtweg darum, aufzuzeigen, wo noch ein Mangel herrscht und was Verhalten von „Mann" mit „Frau" machen kann usw.! Es geht hier auch nicht nur um feste Beziehungen, nein, es geht ebenso um das allgemeine Miteinander. Also Beziehungen in welcher Form auch immer.

Ich selbst kann hier primär nur aus meiner Erfahrung und aus der Sicht jener Frauen schreiben, die sich mir mit teil(t)en und für welche ich nun auch Stimme sein möchte. Sehr schnell, ward dieser Reiseführer geschrieben und ich war voll Freude dabei. Doch als ich das Buch zu überarbeiten begann, war plötzlich alle Euphorie wie weggeblasen. Anders - da kam plötzlich so ein Hurrikan und wirbelte mein Inneres durcheinander und ich suchte das Zentrum, sein Auge, damit ich in Ruhe betrachten konnte, was hier gerade mit mir geschah. So sprach ich mit meinem Mann, erzählte ihm, was ich schon alles geschrieben hatte und da rutschte mir tatsächlich der Satz raus: „Vor zwanzig Jahren hätte man mich für dieses Buch verbrannt." Verdutzt schaute er mich an und meinte: „Verbrannt?" Ich erwiderte, selbst erstaunt über diese, meine Aussage: „Nun, MÄNNER hätten sich DAS nicht gefallen lassen. Ich bemerke, dass tief in mir doch noch so mancher Mann, eine Bedrohung für mich darstellte. Dann, wenn er sich selbst nicht fühlt und damit Frau nicht fühlt und sie dementsprechend behandelt. Weißt du, ich höre in meinem Kopf schon so viele, für mich furchtbare bewertende und verurteilende Sätze, wenn das Buch dann mal draußen ist. Tja und eine Frau, welche das Auskotzkapitel gelesen hat, fand es toll, meinte aber, dass die Männer ab da, sicher nicht weiterlesen würden." Nachdenklich schaute er drein und meinte: „Du hast schon so viel geschafft, das schaffst du auch noch UND was andere sagen, sollte dir endlich egal sein. Das Auskotzkapitel habe ich ja schon gelesen und es ist gut geschrieben. Bleib dran." Es dauerte noch, bis ich im Auge des Hurrikans landete und wie es das Leben so wollte, sah ich mir zu jenem Zeitpunkt in Facebook ein Video an, welches Veit Lindau/Realizer, am 21.4.2018, der Welt schenkte (Quelle: you tube - Warum - Die Frage, die alles verändert). Einige Sätze sprangen mir entgegen. Er sagte: „Kennst du DEIN WARUM? Weißt DU, WARUM du Dinge tust? Wir Menschen brauchen das WARUM." Ich fragte mich: „Warum? Warum Sabine, schreibst du diesen Reiseführer?" Ich hörte weiter zu: „Menschen kommen zu DIR, weil sie irgendwo auf ihrem Weg ihr WARUM verloren haben. Aber du wirst ihnen nicht helfen können, es zu finden, wenn du selbst kein WARUM hast. Wenn du nicht brennst. Nur wenn du dein WARUM kennst, wirst du fühlen, jetzt wird es Zeit den Arsch zusammenzukneifen und deine ganze Empfindsamkeit sein zu lassen, um diese extra Meile für deinen Traum zu gehen." Oh, hier spürte ich mein Feuer und alle Angst verbrannte darin. Ja, ich werde den Arsch zusammenkneifen, und schreiben, was geschrieben werden möchte. Ich hörte weiter zu: „Dein WARUM als MANN ist entscheidend dafür, in welche Frau, du deinen Schwanz reinsteckst und wo du dir nen Knoten machst. Dein WARUM als Frau, ist entscheidend dafür, ob du dann denkst: „Na dann krieg ich das halt nicht." ODER!! ... ob du STEHEN BLEIBST und im Leben dieses Typen, die Schwelle bist, an der er einfach nicht mehr vorbeikommt und ihm einfach klar ist, vor mir steht eine Frau, die in diesem „heiligen WARUM" so brennt, das ich mich entweder total schnell vom Acker mache, oder so schnell wie möglich mein WARUM finde, ansonsten frisst die mich auf." WOW, gingen mir diese Worte durch und durch. Hier war mir ENDLICH wieder klar, was MEIN "warum" ist. Warum schreibe ich diesen Reiseführer und warum, habe ich all meine Romane geschrieben? Nun, ich brenne ... ich brenne für das Thema „Liebe & Frieden", zwischen „Mann & Frau." Ja, ich wünsche mir, dass jede Frau, ihr inneres Feuer findet und für das brennt, was ihr wichtig und heilig ist. Ich wünsche mir, dass sie ihr Feuer lebt, anstatt es in ihrem Körper zu behalten, wo es Krankheit mit sich bringt. Daher wünsche ich mir, dass FRAU, statt SICH selbst zu VERBRENNEN, für sich selbst „brennt" - für ihr Herz (die Liebe, die sie ist) und ihren Körper UND für „Mann" jene Schwelle wird, an der er NICHT MEHR vorbeikommt!! Ich wünsche mir, dass „Männer", welche diesen Reiseführer lesen, auch ihren Arsch zusammenkneifen und „diese" Schwelle „hier" übertreten. Das sie eintauchen, in die Worte dieses Reiseführers. Dass sie selbst, wenn es ihnen stinkt oder etwas sie erschüttert, dran bleiben.

In der Zeit des Schreibens, sprach ich auch mit unterschiedlichen Männern über das Buch und stellte mal wieder fest, wie heilsam doch Sätze waren, wie: „Sabine, was du schreibst, ist schon sehr stimmig. Der Titel „Gebrauchsanleitung" wäre so manches Mal schon passend, so übel das auch ist. Sabine, ja, wir können manchmal einfach Arschlöcher sein." Ein Freund meinte, als er alles gelesen hatte: „Es fiel mir leicht, das Buch zu lesen. Du hast alles passend und richtig gut geschrieben. Es ist so, ohne Frage. Wenn du manches auch seeeeehr überzogen hast." Hier musste ich grinsen und sagte: „Meinst du wirklich?" Da musste er auch grinsen und meinte: „Okay. Manches muss erst verdaut werden."

Diese ZUSAGE - dieses ZUGEBEN - das ist ein erster Schritt zur Bereitschaft, verändern zu wollen. Dafür war ich sehr dankbar. Als mich noch einmal kurz Zweifel einholten, da ja nicht alle Männer gleich sind und es auch Frauen gibt, die sehr verletzend sein können, erinnerte ich mich daran, dass jede 3. Frau und jeder 7. Mann, sexuellen Missbrauch erlebt hat. Diese Zahlen zeigen eindeutig, auf welcher Geschlechterseite mehr Gewalt und Übergriffigkeit herrscht. Ja, mein Feuer brannte, aber noch nicht in dieser Kraft, welche notWENDig war. So schubste mich das Leben abermals und sprach mit mir: Ich saß im Zahnarztwartezimmer … hihi, damit ich wieder richtig zubeißen konnte … ich liebe es, wenn Frau Schabernack sich auf meine Schulter setzt und mir Dinge ins Ohr flüstert. Ich gebe es zu - wo ich noch schnell etwas einfließen lassen möchte, bevor ich zur eigentlichen Geschichte komme. Ich stellte in dieser Anfangszeit auch fest, dass ich selbst im Auskotzen, noch viel zu liebenswert war. DIES wurde mir von einer mitschreibenden Frau mitgeteilt und ich war zutiefst schockiert, als mir klar wurde: „Sie hat recht." Fest nahm ich mir hier vor, das zu ändern. Nun aber zu der Geschichte im Wartezimmer: Da saß ich also und eine Dame Mitte siebzig kam herein, schaute mich an, strahlte und meinte: „Sie schauen so apart aus und so wundervoll bunt ist ihre Kleidung und lebensfroh sind Sie angezogen. Da muss man etwas dazu sagen, sieht man das nicht all zu oft." Dann griff sie in ihre Tasche, holte etwas raus und gab es mir: „DAS ist für SIE." Ich schaute und es war ein KUGELSCHREIBER!!!! Vollkommen irritiert war ich im ersten Moment bis es klickedicklick machte: „Der Reiseführer will geschrieben werden." Ja, deutlicher konnte die Botschaft nicht sein, vor allem, weil sie von einer Frau in diesem Alter kam. Eine Generation, welche mit Sicherheit auf das Thema bezogen noch viel mehr Probleme hatte. Ja, das Leben sprach mit mir und nutzte die Dame dafür. Nun loderte das Feuer und die Entscheidung ward getroffen. Es wird sich hier in diesem Buch, ein uralter Konflikt der Geschlechter zeigen. Ich denke, das Buch kann daher interessant sein, für all jene, die sich auch Liebe & Frieden wünschen und für all jene eben, welche noch nicht erkannt haben, wie sehr wir doch noch in alten gewohnten Verhaltensweisen drinhängen und wie diese das Miteinander prägen. Und natürlich für jene Paare, bei denen eine Partnerschaft, oder ein Miteinander, in welcher Form auch immer, schon lange besteht, man sich lange kennt, und die Sexualität einen neuen, weniger wichtigen Stellenwert erhalten hat. Nachdem das Buch geschrieben war, bemerkte ich, wie befreiend es für mich persönlich war. Endlich konnte all das raus aus mir, was nie gewagt wurde auszusprechen und das schwer auf dem Herzen lag. Nicht gewagt, weil mein Harmoniebedürfnis und mein Verständnis stets größer waren als Schmerz und Wut. Es flossen während dem Schreiben wahrlich Tränen uralten Schmerzes und auch uralter Wut. Dadurch wurde mein Herz aber auch heiler und weiter. Dann kam das Gefühl von Frieden zu mir und der große Wunsch, dass man sich die Hände reicht, um im neuen Miteinander, heilsame Erfahrungen machen zu können. Anstatt sich stets wieder in offene oder verheilte Wunden gegenseitig Messer hinein zu rammen und dann noch in der Wunde zu drehen und zu drehen. Damit ist doch niemandem geholfen. Für mich ist es stets wichtig, in meinem Gegenüber schon das Potenzial zu sehen, welches vielleicht noch nicht gelebt wird. Ich habe mittlerweile gelernt, dass es wichtig ist, genau DAS dem anderen zu zeigen und auch Dankbarkeit für heilsames, achtsames Handeln zu äußern. Aber ich darf ebenfalls, die manchmal notwendige klare Sprache nutzen und darüber sprechen, was so ganz und gar nicht wohltuend ist. Selbst wenn das provokativ scheinen mag, wütend macht oder aufrüttelt. Offenheit - wenn wir uns offen zeigen, mit allem, was ist, werden wir natürlich scheinbar verletzbarer. Denn man zeigt dann nicht nur seine Stärken, sondern auch die scheinbaren Schwächen. So wie man seine verheilten oder nicht verheilten Wunden offenherzig zeigt und verletzbarer wird. Man ist sozusagen „nackt" und ohne Mauern um sich herum. Genau das ist es aber, so fühle ich es, was wir im Miteinander brauchen. Das Erkennen, das viele einfach verletzte Wesen sind. Es nur zu „wissen", ist etwas anderes, als es durch ein Gegenüber gezeigt oder gesagt zu bekommen. Und wir sollten uns einfach bewusst machen, dass wenn wir Mauern um uns aufgebaut haben, wir nicht wirklich „frei" sind. Hier erinnere ich mich an meinen letzten Satz auf meiner zweiten Kundgebungsrede gegen sexuellen Missbrauch und ja, er will niedergeschrieben werden: „Aus der Tiefe meines Herzens, wünsche ich UNS ALLEN, heilende Gärten der Achtung und des Respekts für frei und unschuldig fließende Liebe." (Info: Falls die Fotos beim Druck an Qualität verloren haben - verzeiht es mir ☺.)

Nun folgen die ersten Worte von Hans-Jürgen John. Wir besprachen ja, jene „Kurzfassungen" im EXTREM und PROVOKATIV zu schreiben. Als ich hier auch kurz ins Zweifeln kam, schenkte mir das Leben erneut das, was ich brauchte, um dran zu bleiben. Ein männliches Wesen, ähm, ein Mann, welcher das Reiseführercover sah, meinte zu mir: „Aufs Cover gehören aber große Titten." Zuerst war ich sprachlos … aber dann lachte ich … oh JAHAAAA … die Kurzfassungen werden geschrieben, wie geplant. Doch manchmal kommt es anders als man denkt. Wir entschieden uns doch um. Aber seht selbst.

KURZFASSUNG von Hans-Jürgen: (Ich war nur Sekretärin ;-), die aufschrieb, was diktiert wurde.)

Hans-Jürgen: „Also ein Reiseführer für die Frau … .“
Sabine: „Ja FÜR die Frau … ;-) .“
Hans-Jürgen: „Ääähm … über … ÜBER die Frau - natürlich!“
Wir: „DAS fängt ja schon gut an *hahahaha*.“

Aber nun ernsthaft: Also ein Reiseführer über die Frau …

Frauen sagen uns jetzt, wo es lang gehen könnte. Wir lassen uns überraschen … und das mit den Titten, so wie sie auf dem Cover zu sehen sind, das geht in Ordnung ;-) … so wie „Mann“ es mag *grins*.

15

Patriarchat - Lilith

Jetzt möchte ich noch einmal auf diesen uralten Konflikt der Geschlechter eingehen. In meiner Wahrnehmung ist es so, dass viele Frauen nicht wirklich wissen, was Weiblichkeit meint und Männer nicht wirklich wissen, was Männlichkeit bedeutet. Ich wage zu behaupten, dass wir nicht mal wissen, was „Liebe" wirklich ist, da sie ja eher ein Überbegriff ist, für ein wahres Facettenreichtum an Gefühlen. Dies alles intensiver zu erforschen, wäre doch sicher eine Reise wert - oder? Diese Reise wird aber zu allererst ins eigene Innere gehen und das wird sich nicht vermeiden lassen. Dieser uralte Konflikt der Geschlechter, zu dem letztendlich mehr oder weniger, beide Seiten etwas beigetragen haben, kann nur verändert werden, wenn Frauen und Männer sich auf diese Reise nach Innen begeben. Dennoch lande ich zu allererst beim Patriarchat und zitiere aus Wikipedia: „Patriarchat - Männerdominanz: „'Patriarchat' bedeutet wörtlich die Herrschaft von Vätern. Aber heute geht männliche Dominanz über die 'Herrschaft der Väter' hinaus und schließt die Herrschaft von Ehemännern, von männlichen Vorgesetzten, von leitenden Männern in den meisten gesellschaftlichen Institutionen in Politik und Wirtschaft mit ein [...]. Das Konzept 'Patriarchat' wurde durch die neue feministische Bewegung als ein Kampfbegriff wiederentdeckt, weil die Bewegung einen Begriff brauchte, durch den die Gesamtheit von bedrückenden und ausbeuterischen Beziehungen, die Frauen betreffen, sowie ihr systematischer Charakter ausgedrückt werden konnte. Maria Mies, 1988."

Nun, ich lese den Begriff „feministische Bewegung", sowie das Wort „Kampf" und sofort spukt mir das Wort

„Machtspiel" im Kopf herum. Ich persönlich denke, der Feminismus war & ist wichtig. Das weibliche Aufbegehren war wichtig und nötig für die Wende, also notWEND(E)ig. Zur Emanzipation und mein Empfinden dazu. Dieses Wort bedeutet u.a. „Befreiung aus Abhängigkeiten", wo wir wieder beim Thema „Macht" landen. Persönlich mag ich das Wort „Kampf" nicht und Machtspiele, die kann ich gar nicht leiden. Frauen aber mussten und müssen noch immer, für ihre Rechte kämpfen. Es ist tragisch, dass Frau dafür „kämpfen" muss, wie es tragisch ist, dass man, was das Thema Missbrauch betrifft das „Schweigen brechen" muss und ach, mir würden hier gerade noch so viele Worte einfallen, die anzeigen würden, was gewaltig schief lief und läuft. Fazit für mich aus allem ist, es entstand so eine Art Chaos und das Ergebnis davon war, wie schon geschrieben, dass zu viele Frauen nicht wissen, was Weiblichkeit bedeutet und Männer nicht, was Männlichkeit bedeutet.

Ich mag jetzt auf uns Frauen eingehen, wobei ich denke, dies alles dürfte auch für Mann interessant sein. Es ist wichtig für uns, IN UNS zu verändern, wenn uns Umstände unglücklich machen. Es ist auch wichtig, dass wir nicht der bessere Mann sein wollen. DAS ist eines der Resultate der Emanzipationsbewegung, auf die ich in einem separaten Kapitel noch eingehen werde. Wir dürfen wirklich mal darauf achten, wo wir in jene männlichen Muster verfallen, welche wir doch am Mann so gar nicht mögen. Auch wir dürfen das „fühlen" wieder erlernen und/oder verfeinern. Denn: „Machtspiel bringt Machtspiel. Kampf bringt Kampf." Zu oft haben Einige von uns auch, unangebrachtes männliches Verhalten, mehr oder weniger zugelassen. Bewusst oder unbewusst … weil man das so tut, es die Umstände nicht zuließen anders zu handeln, oder die Angst zu groß war, oder weil man liebte, oder, oder. Daher braucht man sich nicht wundern, dass „Mann" sein Verhalten, Frau gegenüber, nicht veränderte. Oder Frauen wurden eben genauso radikal, unsensibel, kontrollierend und im Denken verhaftet, was ja auch keine Veränderung beim Gegenüber bringt.

Hier möchte ich GRÜNDE erwähnen, welche Frauen dahin führt(e), sich SO zu verhalten. Muster, die viele kennen: Verlustangst, geliebt werden wollen, etc.. Aber auch die berechtigte Angst gegen Mann aufzubegehren, auf Grund schon gemachten schlechten Erfahrungen oder noch viel tiefer sitzenden Erinnerungen. Oder man hat aufbegehrt und gab irgendwann auf, da Frau von Mann nicht gehört, gefühlt, gesehen, also kein positives Ergebnis sichtbar wurde. Glücklicherweise gibt es auch Frauen, welche anfangen zu „brennen" - für diese Sache. Was ich mir persönlich hier wünsche, ist, dass wir einen Weg finden, da wir Männer spüren lassen können, um was es uns geht, damit sie anfangen mit uns zu „brennen" - für die Liebe & den Frieden zwischen den Geschlechtern. Ich wünsche mir, dass sich Männer dafür öffnen. Ich wünsche mir, dass die Zukunft „Feminin" ist. Feminin bedeutet weiblich und jeder von uns trägt diese weibliche Seite, diese FÜHLENDE Seite in sich. Frau, wie Mann. Also fangen wir an damit, uns selbst zu fühlen, zu erfahren und zu zeigen.

Da es das Patriarchat geschafft hat, uns Frauen in unserer Weiblichkeit gnadenlos einzuschränken, ist für uns nun Folgendes wichtig: Wenn wir uns Respekt und Wertschätzung von einem Gegenüber wünschen, dürfen wir jetzt erst einmal in die Eigenverantwortung gehen und wieder lernen, uns selbst zu lieben, als die Frau, die wir sind, mit allen Erfahrungen, die wir gemacht haben, welche uns prägen. Wir dürfen erfahren, wie wundervoll es ist, Frau zu sein und wir dürfen lernen, das Weibliche zu lieben, mit jedem Gefühl, jeder Emotion, welche sich zeigen möchte. Wir sind gut, wie wir sind. Unser Leben hat uns zu dem gemacht, was wir sind. Liebe, Wertschätzung, Respekt und Achtung uns selbst gegenüber, DÜRFEN an erster Stelle stehen. Wie soll uns ein Gegenüber all das geben, wenn wir es uns selbst nicht schenken? Und verdammt noch mal, wir dürfen auch mal wüten und uns auskotzen, und wie Furien sein, wenn „Mann" unsere Grenzen überschreitet, der Kommunikation aus dem Weg geht oder gar noch eins drauf setzt. Ich habe immer wieder erfahren, dass nach der Wut, der Schmerz fühlbar wurde, und ich danach wieder in jene liebevolle Klarheit gehen konnte, die ich so sehr mag. Weil diese liebevolle Klarheit, uns ein Mitgefühl füreinander entwickeln lässt. Dieses ist wichtig, da jeder von uns, Mann wie Frau, seine ureigene Geschichte hat, welche ihn prägt. Liebevoll klar sein, kann man dann, wenn man sich im Innen aufgerichtet hat und sich seiner selbst bewusst ist und das Gegenüber NICHT mehr BRAUCHT. Um sich aber innerlich aufrichten zu können, darf erst einmal jede bisher nicht gefühlte Emotion ihren Weg finden. Wir dürfen Männer erfahren lassen - anders. Ja, es mag jetzt in anderen Worten geschrieben werden. Das mag jetzt aus mir herauskommen, weil ich es so erfahren habe. Denn es kam jener Tag, an dem ich all das Geschriebene erkannte und verinnerlicht habe. Es kam der Tag, da ich mich selbst, an erste Stelle setzte. Da ich mich darin übte, neu zu handeln. Dazu entstand einst schon ein Text, den ich nun in neuen Worten niederschreibe. Zur Verinnerlichung für Frau selbst und zum Verstehen für Mann.

Von Frau an Mann: „Mann, ich als Frau, kann für mich selbst und dich, einen „weiblichen Raum" erschaffen. Einen Raum, in welchen ich dich, „Mann", eintreten lasse. Einen Raum der Liebe, des Fühlens und auch der Sexualität. ICH, Frau, stelle DIESEN Raum DIR zur Verfügung und mir ist bewusst, dass ich DAS, dann tun kann, wenn ich mich in meiner Weiblichkeit wohlfühle, mich selbst wertschätze, mir selbst vertraue und mich selbst liebe, mit allem, was ich bin. Das alles, werde ich mir stets wieder bewusst machen, wenn ich es zwischendurch vergessen sollte. Mir wurde bewusst, dass ich in der Vergangenheit oftmals nicht achtsam mit mir selbst war, dann, wenn ich dich Mann eintreten ließ, in meinen heiligen Raum, obwohl ich tief in mir spürte, du bist noch nicht in der Lage, diesen Raum der Liebe zu achten und wertzuschätzen. Ich tat dies, weil ich bedürftig war und weil ich deine Liebe, deine Wertschätzung etc. suchte. Ich ließ dies zu, weil ich mich selbst noch nicht wirklich fühlen & wahrnehmen konnte. So wie ich noch nicht in der Lage war, Kontrolle abzulegen, weil sie für mich notwendig war, um von dir nicht erneut verletzt zu werden. Doch nun fühle ich mich wieder, sorge für mich und schenke mir all das selbst, was ich mir von dir gewünscht habe. Somit werde ich ab jetzt sehr gut überlegen, wem ich Eintritt gewähre, in meinen Raum der Liebe. Heute leiten mich mein Herz und mein Instinkt. Mein Herz lässt mich dich fühlen und mein Instinkt zeigt mir an, ob ich dir vertrauen kann und mit dir sicher bin. Wenn du mir als fühlender und doch männlicher Mann begegnest und diesen „Raum", in den ich dich eintreten lasse, achtest, und ihn wertzuschätzen weißt, dann werde ich mich auf ganzer Ebene vertrauensvoll auf dich, Mann, einlassen und mich dir, Mann, vollständig hingeben. Dadurch können „wir" dann wundervolle Momente erleben, und zwar in einer Freiheit, die uns neu sein wird. Dann bin ich ein Kelch, gefüllt mit Selbstliebe, welcher überfließt und dich in Liebe einhüllen kann. Einer Liebe, welche nicht mehr mit den einstigen Bedürfnissen an dich getränkt ist, welcher aber Achtung und Wertschätzung durch dich, wichtig ist. Wenn der heilige Raum der Liebe, so sein kann, ist das für mich „weibliche Fülle", die nährt. Sich selbst und andere ... und da geht's lang. GEMEINSAM! - in Liebe, Respekt, Achtung & Wertschätzung. Gewiss gibt es Frauen, wie auch Männer, die DAS schon leben, aber ich wünsche mir für überall, wo das noch nicht gelebt werden kann, das es möglich wird.

Für alle, bei denen die Sexualität im Stellenwert gesunken ist, weil Mann & Frau, es nicht schafften, ein erfülltes Miteinander aufrechtzuerhalten ... wenn also etwas Wundervolles, fast gar nicht mehr ins Miteinander integriert wird, aus welchen Gründen auch immer ... wenn zum Beispiel jeder in seinen gewohnten alten Mustern durch den Alltag fährt ... wenn die Phase der Eroberung vorbei ist und das einst Neue, nun gewohnt ist ... wenn man sich dem anderen sozusagen „sicher" ist ... wenn der Jäger nicht mehr jagt und die Frau nicht mehr die einzige Beute ist, die ihrem Jäger auflauert ... wenn die Faszination des Neuen vorbei ist und das Spiel nicht mehr gespielt wird ... Frau nicht mehr begehrt wird von Mann ... und alles aus den Schienen oder tot läuft ...habe ich nun eine Geschichte über Eva und Lilith. Es ist ein Auszug aus meinem Roman „Tinkas Liebhaber":

Liebe Tinka,
Lilith erzählt man sich, war der Gegenpart von Eva. Wurde aus dem Paradies verjagt, weil sie sich Adam nicht

21

unterordnete und ihm nicht dienen wollte. Man sagt auch, sie wollte beim Sex nicht immer unten liegen *grins*. Sie war eine stolze, selbstbewusste Frau voller Sinnlichkeit, Leidenschaft und Sexualität. Also in der Bibel taucht sie natürlich nicht auf. Oder doch? *grins*. Man sagt, sie sei die Schlange gewesen, welche Eva verführte, den Apfel vom Baum der Erkenntnis zu essen. Nun Lilith steht für Authentizität und sie sagt, was sie meint. Ihr ist es egal was andere über sie denken. Sie lebt sich. Sie versteckt sich nicht. Hach schön, dass sie mir gerade im Kopf rumspukte. Ich mag Lilith sehr! Und bemerke, es ist sehr anregend sie wieder bei mir zu haben. Zumindest schon mal in den Erinnerungen. Sie lebt ihre Sexualität voller Freude aus ihrem Wesen heraus. Jaaaa. Sie ist Frau, Göttin, Kraft. Ich sollte mich von dir so richtig infizieren lassen - du „Tinka-Lilith". Heißt ja nicht, dass wir keine Eva mehr sind, wenn wir Lilith leben. Hm, Eva haben wir doch schon verinnerlicht! Ich habe hier auch ein schönes Buch mit Kartendeck. Vielleicht magst du es dir ja auch besorgen. Falls du neugierig wirst auf „Göttinnen". Sie zeigen uns letztendlich nur Aspekte unserer Weiblichkeit. Ich hatte ganz vergessen, dass ich sie habe. Du hast mich erinnert. Danke. Also bei Interesse: Es heißt „Göttinnengeflüster" und ist von Amy Sophia Marashinsky ... und sie schreibt Folgendes über Lilith - Kraft:

„Ich tanze mein Leben für mich. Ich bin heil. Ich bin vollständig. Ich sage, was ich meine und meine was ich sage. Ich tanze die Dunkelheit und das Licht, das Bewusste und das Unbewusste, das Gesunde und das Verrückte und ich spreche aus mir selbst heraus, authentisch, in tiefer Überzeugung ohne zu beachten, wie ich auf andere wirke. Alle Teile meiner selbst fließen in der Ganzheit. Alle

auseinanderstrebenden Teile meines Wesens vereinigen sich zu einem Selbst. Ich höre, was gehört werden muss. Ich rechtfertige mich nie. Ich spüre meine Gefühle in ihrer ganzen Tiefe. Ich verstecke mich niemals. Ich lebe meine Sexualität zu meiner Freude und zur Freude anderer. Ich verleihe ihr den Ausdruck, der ihr gerecht wird, aus dem Kern meines Wesens durch die Vollkommenheit meines Tanzes. Ich bin Frau! Ich bin Sexualität! Ich bin Kraft! Ich wurde sehr gefürchtet. Nun Tinka, Lilith fordert uns wirklich auf, uns unsere Kraft zurückzuholen."
Deine Freundin Lilly

Das wieder mal zu lesen, lässt mich breit grinsen. Dann werde ich mal beim Schreiben des Reiseführers, die Lilith in mir wecken.

Im Vorfeld: Es gibt viele unterschiedliche Weisen, wie Mann & Frau sich begegnen und wie sie beginnen ihre Sexualität miteinander zu leben. So wie sich die Sexualität in Partnerschaften auch unterscheidet. Es gibt da so viele Nuancen, aber ich mag einfach mal zwei grobe Gruppierungen draus machen. Wobei ich aber nur von einem Miteinander schreibe, da die Liebe noch da ist. So wie ich noch einmal erwähnen mag, dass sich alles, was ich schreibe, nicht nur auf feste Partnerschaften beziehen muss. All das kann auch geschehen, in anderen Formen von Beziehungen zwischen Mann & Frau, dann, wenn sie sich länger kennen. Das Miteinander zweier stark emotionalen und leidenschaftlichen Menschen, wird manchmal so aussehen, dass sie genau das, in ihrer Sexualität auch dauerhaft leben. Die Leidenschaft will ja gelebt werden. Der Punkt hier aber ist, dass dieses Feuer oft auch in anderen Lebensbereichen gelebt wird. Impulsivität, Streit, etc., also ständige Leidenschaft im Positiven & weniger Gutem. In solch einer Partnerschaft ist es sicher schwer, das Miteinander als Geborgenheit zu betrachten, da Feuer ständig auf Feuer trifft. Die zweite Variante ist jene, da die Liebe, die Geborgenheit und das Miteinander zwischen zwei weniger leidenschaftlichen & impulsiven Menschen mit der Zeit inniger wird. Ich denke diese Variante trifft auch dann zu, wenn ein Teil sehr!! leidenschaftlich und der andere es weniger ist. Mit der Zeit schenken die Beiden sich immer mehr Harmonie, Loyalität und ein trautes Miteinander. Es wird also inniger und vertrauter, was wunderschön ist. Dennoch kann genau DAS ein Todesstoß sein, für die leidenschaftliche Sexualität, welche sicher anfänglich da war. Hier gibt es aber erneut Nuancen. Denn Innigkeit bedeutet nicht gleich auch, dass körperliche Nähe im Alltag gelebt wird. Damit meine ich Umarmungen - Kuscheleinheiten eben.

Eine jener Frauen, welche den Reiseführer beratend mitlesen, schrieb dazu Folgendes: „Das Patriarchat ist dominant, weil Mann das vermeintlich stärkere Geschlecht ist. Weil es glaubt, durch den Kampf-Flucht-Instinkt, das Leben der Familie und der Gruppe schützen zu müssen. Wir Frauen wussten aber schon lange, dass dies so nicht ist. Frauen lehnten sich in der Phase der Emanzipation auf, was wichtig war, begingen aber den Fehler, dass sie glaubten, den Mann stehen zu können. Feministinnen übernahmen männliche Rollen und verloren somit oft ihr Gefühl für ihre Weiblichkeit. Dadurch hatte Mann es aber noch leichter, dominanter zu werden, denn sein Gehirn stellte sich auf Kampf ein. Dadurch wurde wahrscheinlich auch im Bett, der Kampf der Geschlechter noch intensiver. In jener Zeit gab es ja viele Frauen, welche beim Sex nun sagten, wo es lang geht und wie sie es wollen. Ich vermute(!!) aber, dass die Entwicklung da eher technisch, statt auf Gefühlsebene stattfand. Jeder begann sich selbst am Nächsten zu sein und seine Interessen zu vertreten, die aber aufgrund der sich ergebenen Gesellschaft, männlich dominant waren. So sollte jetzt gerade Frau, sich wieder ihrer weichen weiblichen Seite besinnen und ihre Kraft als FRAU und nicht als MANN anerkennen lernen. „Frau stellt Mann einen Raum zur Verfügung." SIE ist also quasi Gastgeberin und wie hat man sich einem Gastgeber gegenüber zu verhalten? Achtsam und respektvoll und höflich. Der Gastgeber hat Hausrecht. Benimmt sich der Gast nicht, darf er gehen. Okay, grins, in alten Zeiten wurden die dann erstochen. Lilith lebt sich schon allein dadurch, dass sie weiß, was sie NICHT will. Sie weiß, wer sie ist und was sie wert ist. In mir steigen die alten Germanen wieder auf und die Rolle der Frau, an der Seite von Mann. Sie wurde von Mann geachtet und war gleichberechtigt. Ihre Meinung war gefragt und sie hatte Hausrecht. Draußen war der Mann der Kopf der Familie und im Haus hatte die Frau das Sagen. Sie waren sich eine Ergänzung auf allen Ebenen und keiner war besser oder schlechter.

(Meine selbst gemachten Tonfiguren 2009
& die Karte der Lilith, aus dem Kartendeck von A.S. Marashinsky)

Kurzfassung von Hans-Jürgen:

Ansage an die Zukunft: „Mann hör auf, bewusst oder unbewusst nach dem Patriarchat zu leben. Frau löse Dich aus dem Selbigen."

Ziel: „Beide begegnen sich auf Augenhöhe und finden einen Weg, für die Balance zwischen Denken, Fühlen und Handeln, um dann in Liebe, Respekt, Achtung & Wertschätzung miteinander umzugehen."

Fragen: „Oder bist Du noch so ein Mann, der Schiss vor einer „echten" Frau hat? ... der sie unterdrücken und kleinhalten muss und sich rücksichtslos nimmt, was er will? ... nur um Dich selbst groooß und staaaark zu fühlen?

Sabine: „Mann - wir wollen keine „alten Könige" mehr ... der alte König ist tot ... es lebe der neue König."

Auskotzen - Kehle befreien

Auskotzen und die Kehle befreien. DAS habe ich mir fast mein ganzes Leben lang, nicht erlaubt. Denn es wurde von allen Seiten gesagt: „Wut ist schlecht und wüten und sich auskotzen, geht ja mal gar nicht." Kennst du das? Nun, hier im Buch gab ich mir die Erlaubnis *grins* und empfand es als sehr befreiend.

In diesem Kapitel, möchte ich auf die schon erwähnte Beziehungsvariante B eingehen und auch gleich noch einmal darauf hinweisen, dass es innerhalb der „B Variante", natürlich auch Nuancen gibt. Ich picke jene heraus, da selbstbewusster Mann auf selbstbewusste Frau traf und ich spreche hier mal einfach als Frau zu Mann:

„Mann, Liebster, einst als wir uns kennenlernten, trafst du auf eine Frau, welche sich dir voller Lust und Leidenschaft zeigte. Du warst fasziniert von dieser Frau, welche sich auch selbstbewusst präsentierte, die wusste, was sie will und was sie nicht will. Du hast dich verliebt in sie - Lilith. Die freie, ungebändigte Frau, welche sich nicht fesseln ließ und sich nicht dem Manne unterordnete. Die Frau, welche sich jenen Anteil zurückerobert hatte, der ihr verloren gegangen war - wie Lilith einst aus dem Paradies geworfen wurde.

Sie konnte die Lilith mit dir leben, weiter nähren & erfahren, da du ihr dein Begehren gezeigt hast. Du hast das Feuer, welches schon vorhanden war, weiter geschürt. Ihr habt Liebe gemacht, keinen Sex. Das ging dann auch lange Zeit gut, bis wir uns dann gut kannten und alte Verhaltensmuster, eventuell beidseitig, zum Tragen kamen.

Es ist nachgewiesen, dass eine Frau das Begehren von Mann braucht, um Lust für ihn zu empfinden. Ich las da mal ein schlaues Buch. (Daniel Bergner - die versteckte Lust der

Frauen) Doch das Begehren des Mannes lässt oft nach, dann, wenn er nicht mehr jagen muss. Dann, wenn die Balzzeit vorbei ist. Ach ja, die Balzzeit ... was tut man/n da nicht alles, um zu gefallen. Man/n zeigt sich von der besten Seite und lebt im idealen Falle sein volles Potenzial. Da mag ich die Frau gar nicht rausnehmen. Alles ist noch so „frei", ungezwungen und eventuell auch ohne Erwartungen. Wenn aber dann das Begehren des Mannes nachlässt, fokussiert sich Frau oft auf andere Dinge. Häufig dann, wenn sie zuvor schon alle Möglichkeiten ausgeschöpft hat, um sein Begehren wieder zu erlangen. Das sind weitere Facetten, auf welche ich jetzt nicht eingehen möchte.

Fazit aber ist, dass sie die Lilith in sich WIEDER verliert. Diese wird sozusagen vom Manne nicht mehr eingeheizt und verschwindet langsam in der Versenkung. Frau lässt diesen schleichenden Prozess zu und bemerkt es vielleicht auch gar nicht gleich. Sie wird erneut aus dem Paradies geworfen. Sie lässt sich hinauswerfen. Genährt wird immer mehr die Eva in der Frau - die liebe, versorgende, fürsorgliche Eva. Sie wird genährt von Frau selbst und vom Manne, welcher sich damit sehr wohl fühlt. Noch intensiver ist das Ganze, wenn Kinder da sind. So ergibt das eine das andere und hier gibt es klaro, erneut verschiedene Varianten. Man lebt sich auseinander, trennt sich oder, und auf diese Version gehe ich jetzt ein, die Liebe wird tiefer und anders. Es entsteht Innigkeit, Vertrautsein, Harmonie, Loyalität, Freundschaft ... leider gute Killer der Lust.

Es ist nachgewiesen, das, je weniger Frau Sex hat, desto mehr schwindet ihre Lust auf Sex. Je weniger Lust, Frau auf Sex hat, desto mehr Begehren und Zuwendung braucht sie von „jenem" Mann, um ihre Lust wieder zu entdecken.

Sind Frau & Mann aber, an DIESEM Punkt gelandet und damit auch in noch tragenden, sich nun zeigenden Verhaltensmustern, welche oft als Same in der Kindheit gesetzt wurden und wie ein roter Faden durchs Leben zogen, wird es schwierig!! Beide empfinden Mangel und beide haben ungestillte Bedürfnisse. Oft aber unterscheiden sich diese Bedürfnisse, was es schwierig macht. Der Punkt aber ist, dass jeder sich von seiner Wahrnehmung her, im Recht fühlt und meist kommt der Tag, da jeder darauf wartet, dass der andere seine Bedürfnisse erfüllt und man selbst nichts mehr tut. So erfuhr ich es in alten Zeiten und so wurde es mir von vielen Menschen erzählt oder ich bekam es bei Paaren mit. Wie auch das, was noch folgt.

Manchmal ist es dann auch so, dass es Mann vollkommen ausreicht, mal zwischendurch über schnellen Sex zu entladen … Körperflüssigkeit und Körperanspannung. Aber genau DAS reicht Frau nicht, wenn sie in jenem Stadium ist, ihre Lust zu suchen. Wo wir noch einmal beim Thema des letzten Kapitels landen.

In den vielen Jahrhunderten des Patriarchats, in denen Frau unter Mann stand, ließen Frauen viel zu viel mit sich machen, selbst wenn sie es nicht wollten. Aus Angst oder weil es nicht anders ging oder weil es eben so war. Oder es wurde ihnen vorgelebt und sie kannten es nicht anders. Oder es war das scheinbar kleinere Übel, als NEIN zu sagen. Hier gibt es viele Facetten, wie üblich. Selbst wenn sich hier Frauen schon verändert haben, gibt es noch genug Frauen, die es eben weiter so leben. Auf die Sexualität bezogen, ich hörte es leider viel zu oft, schlief also Frau mit Mann, auch wenn sie keine Lust hatte. Oder sie bekam die wohlbekannte „Migräne". Dazu gehört auch, still zu sein, wenn Mann Dinge mit einem tut, die einem nicht wohltun und es hinter sich zu bringen. Der scheinbar einfachere Weg, wohl auch aufgrund gesammelter Erfahrungen. Gedanken wie: „Frau kann das ja wegstecken. Ist doch kein Problem. Kennen wir doch. Männer sind halt so - triebgesteuert eben. Ich liebe ihn doch. Männer haben halt mehr Lust. Etc.." Viel zu viele Frauen haben es noch nicht gelernt, für sich zu sorgen, Grenzen zu setzen oder dem Mann zu erklären, was sie mag und was sie nicht mag. All das ziehe ich nicht aus dem nirgendwo. Leider habe ich genau DAS zu oft durch Gespräche erfahren und lange genug selbst gelebt.

Schaue ich zurück, staune ich schon über mich selbst, das ich das auch so durchgezogen hatte. Ich habe DAS auch tatsächlich scheinbar weggesteckt. Ich schreibe „scheinbar", denn es war nicht so. Es war eher so, dass ich einen inneren Schalter umgelegt hatte, um mich, meinen Körper und meine Gefühle nicht in der TIEFE zu spüren. Also nicht zu spüren, was ICH!! MIR!! damit antat. Letztendlich stumpfte meine Gefühlswelt ab. Im besten Falle sexelte ich, aber Liebe machen? Nein, das war mir fremd. Wer kennt das auch, wenn er mal ehrlich mit sich selbst ist?

Nachdem ich viele Jahre meinen Heilweg, bezüglich meines erlebten Missbrauchs in der Kindheit gegangen war und meine sexuellen Erfahrungen immer schöner wurden, wenn auch anfänglich noch durchmischt, öffnete sich meine Gefühlswelt auch immer mehr. Ich wurde sensibler, spürte viel mehr, was mir guttat und was nicht. Sorgte immer mehr für mich. Das war auf der einen Seite wunderschön, weil es mich noch mehr in die Hingabe brachte und mich dadurch noch Schöneres erfahren ließ, ABER ... es machte mich auch empfindsamer und verletzbarer. DAS bemerkte ich dann, wenn ich spürte, „Mann" fühlt mich beim Sex nicht. „Mann" agiert triebgesteuert. „Mann" macht Sex mit mir, statt Liebe. „Mann" benutzt mich, um überschüssige Energie abzuladen. Anfänglich war da nur die Empfindsamkeit, doch ich konnte noch nicht handeln und nicht für mich sorgen. Was wohl auch daran lag, dass ich nicht verstehen konnte, das ein Mann, der mich liebt, überhaupt so sein kann. Hochempfindlich wurde ich dann in Situationen, da ich bemerkte, „Mann" will mich gar nicht fühlen! Sein Fühlschalter steht auf „off". „Mann" will nur entladen! Er will mich gar nicht wahrnehmen und tut es auch nicht. „Mann" fühlt nicht, sieht nicht, hört nicht. Das waren dann Situationen, da ich mir dachte und es dann auch tatsächlich ENDLICH aussprach: „Du, ich war mit dabei! Wenn du mich nicht fühlen willst, kann ich dir gerne eine Gummipuppe besorgen!!" Das war die Zeit, da sich bei mir alles änderte, denn ich wollte mich nicht mehr selbst verletzen, indem ich nicht für mich sorgte. Auch war ich erschüttert, als mir bewusst wurde, was ich viel zu viele Jahre zuließ. Nun hatte ich Ansprüche an Mann und ich wollte keinen Sex mehr, bei dem Mann mich nicht fühlte. Vielleicht findet sich hier ja die eine oder andere Frau in meinem Erzählten wieder?

Manche Frauen haben sicher auch versucht, dem Manne während dem Sex, auf die eine oder andere Weise Hinweise zu geben, oder haben im Alltag den Dialog gesucht. Geführte Gespräche mit Frauen, bestätigten mir, was ich selbst oft genug erlebte. Mann ignoriert solche Unterhaltungen gerne. Ich fragte mich oft, warum dem so ist und kam zu folgendem Ergebnis, über das, was Mann darüber denken könnte: „ „Ich - Mann" weiß doch, was eine Frau möchte! Ich habe doch genug Erfahrung! Ich brauche keine Anweisungen!!!" … oder „Mann" sieht das Ganze als Kritik, anstatt als gemeinsame Lösungssuche. Vielleicht ist auch Verunsicherung ein Thema. Nun, ein mancher Mann, bestätigte mir dies, durch seine dazu passende Aussage. Hier kann und will ich es mir nicht verkneifen: „Mann, du denkst du bist ein guter Liebhaber? Bist du es wirklich schon? Mann, sei dir einfach mal bewusst, dass deine gemachten Erfahrungen, nicht IMMER echt waren! Manchmal waren sie schlichtweg FAKES! Warum? Weil noch viel zu viele Frauen, sich in der Vergangenheit, in der Sexualität, nicht authentisch gelebt haben. Der Wandel, die Veränderung, die kam und entwickelt sich weiter. Das meint ganz einfach: „Viele deiner bisherigen Erfahrungen sind „gemacht" - aufgrund der (alten) Verhaltensweise von Frau. Also, wenn du denkst, du bist ein wundervoller Liebhaber, dann fühle da mal ganz ehrlich hin. Fühlst du die Frau, mit der du bist? Nimmst du sie wirklich wahr? Machst du schon Liebe oder sexelst du noch? Bist du ein Liebhaber oder ein Lieb-Haber?"

Es wird Zeit umzudenken. Für Frau UND Mann! Es wird Zeit, das die unterschiedlichen Geschlechter eine gemeinsame Sprache finden. Es wird Zeit, neue Erfahrungen zu machen und sich dafür zu öffnen. Es wird Zeit, das man sich gegenseitig mehr fühlt und dirigiert. „Dirigieren" meine ich im Sinne von gemeinsam die Musik zu spielen und gemeinsam dazu zu tanzen. Hach je, jetzt fange ich an zu schmelzen, bei dem Gedanken und dem Bild, das entsteht. Viele miteinander in Harmonie tanzende Paare. Yeaaah. Mal wiegend, anschmiegsam, zärtlich und dann wieder leidenschaftlich und überhaupt. Aber nun weiter:

Eine Frau sagte mal so schön: „Wenn Mann einfach nur meine Brüste grapscht und sie handhabt, wie einen Drehknopf beim Radio und dann seine Hand zwischen

meine Beine packt … und dann denkt: „Jetzt ist sie soweit."
… da könnte ich!!! Wo bleibt das Gefühl? Die Zärtlichkeit?
Das Miteinander? Ich brauche mehr und ich will mehr. Und
ich will nicht nur 10 Minuten."

Eine Andere meinte: „Tja, wenn meiner Lust hat, dann
hängt er babbisch an mir, wie ein Gutsel. Von jetzt auf
nachher, wo es sonst keinen Austausch von Zärtlichkeiten
im Alltag gibt und ich soll dann den Schalter einfach
umlegen und gleich zur Verfügung stehen? Oder er rutscht
im Bett zu mir rüber, und drückt sein Becken rhythmisch an
mich, so dass ich mir vorkomme, wie ein Hasenweibchen.
Aber ich mag nicht nur mal schnell rammeln."

Eine weitere Frau meinte: „Ich versuche Mann immer zu
erklären, dass meine Vulva eine Diva ist und dass sie das
auch sein darf." Mehr dazu folgt später. Die Info über die
Diva schon mal hier, weil ich dieses Wort teilweise mal
nutzen möchte.

Ich weiß nicht, wie viele Frauen und Männer, sich in jenen
Situationen wiedererkennen. Aber eines ist sicher, DAS ist
nicht das VORSPIEL, welches sich eine Frau wünscht zu
erleben. Und ja, wir Frauen wissen doch, es gibt sie, jene
Männer, die es können und die es zwischendurch einfach
vergessen oder nicht konstant leben können. Vielleicht wollt
ihr euch „erinnern"? Für ein schöneres Miteinander?
Vielleicht wollt ihr eure Freunde daran erinnern? Oder es
ihnen erzählen, wie es sein kann, wenn ihr es selbst so lebt?

HIER WAR dieses Kapitel ursprünglich beendet und
manchmal kommt es anders, als man denkt *grins*, was sich
mir schon zeigte, als ich dieses Kapitel endüberarbeitet habe.
Durch mein Köpfchen spukte plötzlich der Gedanke, dass
der Titel doch nicht so passend ist, denn eigentlich ist ja
„auskotzen" irgendwie doch anders. Aber ich ließ alles so

stehen, wie es war, weil das wohl eben meine Weise des „Auskotzens" war und verschickte das Geschriebene an die Mitlesenden. So bekam ich eine kurze Antwort einer Frau: „Sabine, also hier nun mal ein kleiner Gedankenausflug von mir: „Männer kommen sich eh immer sooo toll vor. Sie bekommen gleich eine Latte, wenn Frau nur lächelt oder ein bisschen Ausschnitt zeigt. Deshalb denkt Mann wahrscheinlich auch, bei Frau ist es genauso. Er denkt, sie sieht den vermeintlich tollen Hecht und IST BEREIT. Aber heyyy!! … selbst die Schweine bekommen da mehr Zuwendung vor dem Besamen. Denen wird wenigstens ein paar mal auf den Hintern geklopft, um sie willig zu machen ☺."

Ich las ihre Worte und spürte den Schmerz dahinter. Gleichzeitig war ich dankbar, dass ich solchen Männern nie begegnet bin, oder es aus meinem Hirn gelöscht habe. Ihre Worte trafen mich schon sehr. Stunden später erhielt ich eine weitere E-Mail von einem weiblichen Wesen und las:

„Hach Sabine, ich las dein Kapitel „Auskotzen" erneut und es kam wieder diese nie gelebte Wut in mir hoch. Ich hatte den Text ja schon gelesen, als er noch unbearbeitet war und er gefiel mir. Heute aber denke ich: „Buah Sabine, da geht noch mehr Emotion. Du bist ja viel zu brav." (An dieser Stelle musste ich schon lächeln, war mir doch dieser Gedanke auch gekommen. So las ich neugierig weiter.) Diese Aussage aber Sabine, ist meiner Wut geschuldet. Meine Wut darüber, wie schnell „Mann" vergisst, das wir Frauen fühlende Wesen sind und dass man nicht einfach, wie eine Herde Paviane über sie wegrennen kann. Sie sollten sich mal klar machen, dass sie keine Affen sind, die sich mal eben ein Weibchen packen, schnell ´ne Runde hühnern und wieder abzischen. WIR brauchen Zeit und Ruhe und Entspannung. WIR werden abgelenkt durch blöde Sprüche, unrhythmische Bewegungen, Schaben an der Tür und whatever noch! „Mann" MUSS das auf dem Schirm haben. WIR sind auch keine Neandertaler Frauen, denen man ´ne Keule auf den Kopf haut und in die Höhle schleift. WIR sind die Frauen, die mit ihrem Mann glücklich in den Sonnenuntergang reiten wollen - aber bitte nicht auf einem toten Pferd mit ´nem Helden in Strumpfhosen. Wir wollen, dass Mann sich stets bemüht, bis es keine Mühe mehr für ihn ist - so wie ER es als selbstverständlich annimmt, dass Frau auch für ihn bitteschön alles tut. Wir haben das Recht darauf das zu bekommen, was wir geben! Ich brodele immer wieder darüber, wie sehr das Männliche noch dominiert und die Frau in eine Rolle gedrängt wird und sich drängen lässt. Ich habe es die Tage wieder mitbekommen: Zu Muttertag - die Werbung - das ideale Geschenk zum Muttertag, ist da ein Bügeleisen, ein elektronischer Staubsauger und ne Nähmaschine *hahahahaha*. So werden wir zum Muttchen degradiert! Zur Versorgenden. Sie möchten gerne ihre Mama behalten und versorgt sein von uns. Sex gehört DA mit dazu, zur Versorgung!!! Aber in die Mutterersatzrolle gedrängt, will man ja nicht mehr so den Sex, wie Mann das gerne möchte, da das Frauchen nun ja Mamaersatz geworden ist und eben nicht mehr die wilde Frau. Tolles Eigentor meine Herren sag ich da nur!

Als ich sie las, spürte ich die Kraft hinter der Wut, welche wir Frauen brauchen, um das zu ändern, was dran ist. Nämlich, diese Spiele einfach nicht mehr mitzuspielen, wenn sie nicht zu unserem Wohle sind. Ich genoss auch ihre Wortwahl, welche mir ein kraftvolles Lachen schenkte. Nichts desto trotz, war ihr Fazit, für mich schon heftig, aber auch das, kam ja nicht aus dem nirgendwo. Es ist ihre Erfahrung und wie viele Frauen erfahren es auch so? Sofort war mir klar, das Kapitel „Auskotzen" wird länger, als geplant. Das Leben schenkte mir das, was noch fehlte, damit das Kapitel seinem Namen gerecht wird. Passend für einen Reiseführer ins Abenteuerland Frau. So Alla: „Mann, DAS solltest du vermeiden."

Eine der mitlesenden Weibsers schrieb noch zum Thema „auskotzen" Folgendes: „Sabine, ich las mal in WIKI nach. Das Kotzen ist definiert, als schwallartige Entleerung des Magen und Speiseröhreninhaltes. Fachlich wird es Emesis genannt. Es ist ein natürlicher Reflex, zur Vermeidung von Vergiftungen. Diese Reflexe können auch durch psychische Gründe ausgelöst sein. Womit ich wieder bei „Mann" lande und generell beim „Auskotzen". Wir schlucken zu oft herunter, was uns förmlich im Magen liegt, was uns innerlich vergiftet und in uns nagt. Es sind die kleinen schwarzen Teufelchen, die unser Innerstes zerfressen. Wenn wir uns aber gut tun wollen, dann müssen wir uns reinigen. Auskotzen, hat eben auch einen reinigenden Effekt. Er befreit uns, von diesen dunklen, schweren Zuständen, die in der Seele nagen."

(Foto Kerstin Großmann)

Kurzfassung von Hans-Jürgen:

Männer - wenn Ihr Sex mit einer Frau haben wollt, dann solltet Ihr im Vorfeld Folgendes beachten und Euch dabei im Klaren sein, Ihr habt ein fühlendes Wesen vor Euch, keinen Automaten oder eine Bummspuppe. Frauen wollen nicht nur erobert, sondern auch gefühlt werden.

Sie reagieren sicher nicht, mit: „Ich will Dich jetzt.", auf übergriffiges Titten und Arschtatschen, oder ordinäres Anmachen.

Seid Ihr auf einen One-Night-Stand aus, dann könnt Ihr ruhig VERSUCHEN, bei dem altgewohnten „Schema F" zu bleiben. Wollt Ihr aber mehr, und davon gehe ich aus, dann lest das nächste Kapitel, statt nur die Kurzfassung davon.

Abenteuerland Frau

„Auch Frauen können mal nen Quickie wollen und genießen … ."

Beim Überarbeiten des Buches landete ich bei diesem eben geschriebenen Satz und frage mich, wie ich auf ihn gekommen bin. So geht es einem, wenn man Text überarbeitet, Neues dazuschreibt und dabei den Übergang versaut :-). So zur Erinnerung. Ich schrieb davon, dass des Mannes Bedürfnis, dann schon mal nur reine „Entladung", nein - natürlich „Entspannung" ist, Frau aber ein Vorspiel möchte. So in der Art ;-). Dennoch können Frauen auch mal gerne einen Quickie wollen und genießen. Aber auch dieser bedarf ja ihrer lustvollen Diva. Gehen wir jetzt mal davon aus, dass sie sich nicht schon selbst ihr Vorspiel verschafft hat, auf welche Weise auch immer, kann „Mann" ihre Lust auf unterschiedliche Weise schüren. Ja, auch ein Quickie bedarf meist ein Vorspiel, wobei dieses Vorspiel hier, oftmals auf andere Weise gespielt wird, als auf körperlicher Ebene. Es gibt so viele Weisen, Frau zum Klingen zu bringen … hach je, jetzt werde ich auch noch musikalisch. Aber wenn ich so darüber nachdenke, ja, Musikinstrumente werden unterschiedlich gespielt, brauchen spezielle Handlung und manchmal auch unterschiedliche Melodien. So ist das ja auch irgendwie ein Stückweit Abenteuer - nämlich herauszufinden, wie das Instrument gespielt werden möchte. Zurück zum geplanten Abenteuerland Frau, bevor ich hier noch bei Rilkes Gedicht „Liebeslied" lande, denn dieses hat nicht mal im Ansatz was von einem Quickie.

Wenn wir eine Urlaubsreise geplant haben, dann haben wir ja diese Vorfreude, die ihr sicher kennt. Wir unterhalten uns über die kommende Reise, wir planen, wir besorgen das, was wir dafür brauchen. Wir reden darüber, infizieren uns gegenseitig und teilen diese Vorfreude. Diese haben wir auch, wenn wir nur eine Kurzreise vorhaben ... ja, die haben wir sogar dann, wenn wir einen Tagesausflug machen wollen - also einen Quickie. Den Tagesausflug können nur dann beide genießen, wenn beide darauf Lust haben. So einfach ist das. Wo mir doch glatt als Vergleich ein Motorradausflug einfällt. Wenn dann einer so richtig FEUER & FLAMME ist, wird demjenigen sicher etwas einfallen, den anderen davon zu überzeugen, das es gaaaaanz toll werden wird. Nicht anders funktioniert letztendlich ein Quickie *lieblächel*. Wobei ich die Worte einer Frau aufgreifen möchte: „Es geht nicht ums Rammeln - es geht hier um einen feurig heißen Motorradausflug."

Zurück zur Frau, die ihre Lust sucht und zu den Worten jener Frau, die erwähnte, sie sei kein Radio. Es mag Zeiten für Frau geben, da ihr das Berühren und Stimulieren ihrer Brüste und ihrer Höhle ausreichen ... aber in der Basis, möchte eine liebende Frau, dass der Mann ihr Herz berührt. Sie möchte geliebt & begehrt werden. Erreicht er ihr Herz, erreicht er auch ihre „Diva", welche sich ihm dann auch freudvoll zeigen wird. Hier sind Frauen sicherlich individuell ... aber ich denke, zum Spiel der Liebe, wie ich es kenne und liebe, gehört einfach viel mehr dazu, als Mann es im Alltag bereit ist, konstant zu leben oder leben zu können. Das Herz erreichen kann man auf so vielen Wegen. Auf den Quickie bezogen auch ;-). Wo mir glatt der Satz eines Mannes einfällt: „Manchmal ist es mir einfach zu anstrengend, dieses STÄNDIG gewollte Vorspiel von Frau." ... ein Satz, den ich noch des Öfteren zu Hören bekam von „Mann".

Wenn Männer „balzen", dann können sie es doch auch! Was also hat sich geändert? Was braucht ein Mann, damit er weiterhin Spaß und Freude hat, am gesamten Spiel der Liebe? Hier würde ich mich wirklich freuen, wenn sich Männer zu Wort melden würden. So weiter mit der Frau: Sie braucht also das Begehren von Mann, um die Lust auf ihn zu spüren. Das größte Geschenk von Mann an Frau ist, wenn er sie „fühlt". Fühlen bedeutet nicht gleich, nur zärtlichen Sex zu leben. Oh nein! Je mehr Frau spürt, dass Mann sich fühlend einlässt, desto mehr kann sie vertrauen. Je mehr sie vertraut, desto mehr kann sie sich bis in die Tiefe hingeben. Je mehr sie sich hingeben kann, desto mehr Facetten der Sexualität können gelebt werden. Hier möchte ich erwähnen, dass ich von „Liebe machen" schreibe und nicht vom „sexeln", was für mich ein großer Unterschied ist. Wenn man DIESE Erfahrung im Miteinander machen kann, wird man auch erkennen, das Leidenschaft & Wildheit im „Liebe machen", viel tiefer geht, als beim Sexeln - wie alles andere auch.

„Frau braucht das Begehren VON Mann, um auf IHN Lust zu haben". Ich möchte die Verantwortung diesbezüglich natürlich nicht auf die Männer schieben. Obwohl sein Begehren es Frau eben einfacher macht, ihre Lust zu spüren. Primär bräuchte Frau erst einmal ihr eigenes Begehren auf sich selbst. Lust und körperliche Nähe, gemeinsam mit einem Mann zu erfahren und zu leben, das kann wundervoll sein, aber es ist meines Erachtens sehr wichtig, Lust auch alleine mit sich selbst leben zu können. Es ist für Frau wichtig, ihr eigenes Abenteuerland zu entdecken und zu erforschen, denn jeder ist so individuell in seinem Empfinden und sein. Recherchiert man im Netz, heißt es, das 80 % der Frauen masturbieren. Mir erscheint die Zahl hoch, wobei Selbstbefriedigung ja auch sehr unterschiedlich sein kann. So würde mich persönlich interessieren, wie viele von diesen 80 % es mit sich selbst kurz halten und wie viel davon auf wirkliche Abenteuerreise gehen. Meiner Meinung nach, ist es die Abenteuerreise, die uns mehr über uns erfahren lässt. So mag ich auf jene eingehen, die nicht masturbieren, oder sich nur eine schnelle körperliche Befriedigung verschaffen. Warum könnte das so sein? Ja, die Frage kommt mir gerade so beim Schreiben. Das Erste was mir hierzu einfällt, ist, dass wir vielleicht die Selbstbefriedigung, als Ersatzsexualität einstufen und vielleicht auch als minderwertiger betrachten? Der Wunsch, mit einem geliebten Mensch so innig zu sein, der ist tief und der ist da und erlebt(e) man ein erfülltes Miteinander, ruft das nach mehr. Aber manchmal gibt es eben dafür kein Gegenüber, selbst dann, wenn es „ihn" gibt und ich glaube, wir Frauen tun dann noch zu oft das, was wir generell gewohnt sind zu tun. Wir WARTEN auf den Mann, der uns die ersehnte Liebe, Nähe und Sexualität schenkt. Aber wenn wir das auf diese Weise tun, und warten, dann fühlen wir uns doch unvollständig. Oder? Wollen wir das? Sicherlich spielt auch Scham eine Rolle und eben all das, was wir über Sexualität gelernt haben. Wie auch immer, ich empfinde es als wichtig, dass Frau ihren eigenen Körper kennt & versteht. Auf der Reise in ihr eigenes Abenteuerland, da lernt sie diesen kennen und kann dabei einfach mal total vergessen, was sie alles über Sex gelernt hat. Sie kann ihrem Körper zärtlich und leidenschaftlich begegnen. Sie schürt ihre Lust. Lernt sich, sich selbst hinzugeben. Sich zu lieben. Sich zu begehren. In der Stille mit sich, kann sie auch lernen, ihren Körper immer mehr zu fühlen, um zu erfahren, was sie wirklich mag und was nicht und wie sie, was mag. All das ist so wichtig, weil es das Vertrauen in sich selbst stärkt und das wiederum, ist eine viel bessere Basis für das Miteinander mit

„Mann". Wenn wir wissen, was wir wollen und was nicht und im Selbstvertrauen sind, dann ist es uns wichtig, für uns zu sorgen, wenn wir mit „Mann" Liebe machen. Wenn wir Mann nicht brauchen, um unserem Körper Nähe und Orgasmen zu schenken, fällt es uns auch leichter für uns zu sorgen. Aber nun zurück zum Quickie, oder nein, hin zur Urlaubsreise *grins*. Warum? Nun, es stellte sich mir ja die Frage: „Was war am Anfang anders für Mann? In der Balzzeit?" Ich vermute, es war eben neu, also NEULAND. Fahren wir in Urlaub, ist es oft so, dass wir uns neue Orte suchen, um sie zu entdecken. In einem dauerhaften WIR, kennt man diese Landschaft in welche man reist, wenn man in körperliche Nähe geht. Aber vielleicht kennt man doch noch nicht alles? Vielleicht kann man ja noch mehr erfahren und entdecken? Dann, wenn man nicht mehr denkt, schon alles erforscht zu haben? Oder einfach dann, wenn man sich vorstellt, man war noch nie in diesem Land und es zum Abenteuerland macht? Oder dann, wenn man einfach mal neu agiert? Oder dann, wenn man sich bewusst wird, dass selbst Frau nie weiß, welches Klima gerade in ihrer Landschaft herrscht, also wie die Wetterlage ist *grins*. Hier ist mein Wunsch, oder anders … Mann darf nun aufs Neue auf Forschungsreise gehen, um wirklich zu erfahren, was seine Liebste braucht, um Lust auf ihn zu haben. Frau öffnet sich ihm, in vertrauensvoller Bereitschaft, da sie den fühlenden Mann nun spürt. Das kann eine körperliche Forschungsreise sein und man kann miteinander die Reise besprechen, auch wenn man schon unterwegs ist. Oder beides zusammen. Man/n kann sich ja auch einmal der „Reiseführerin" überlassen - denn sie kennt ihre Körperlandschaft am Besten … ja „überlassen" und sich von ihr führen lassen, vor allem DANN, wenn sie es als notwendig empfindet. „Mann" darf offen sein und voller Neugierde, in welches Abenteuerland Sie ihn führen wird, um Ihren Körper und ihr sein, immer wieder neu zu erfahren. Ja, er darf voll Freude auf diese Entdeckungsreise gehen. So kann er erfahren, welche Wege, in diesem „Moment des Augenblicks", gegangen werden können oder wollen. Sich fühlend herantasten ... ja fühlend ... den anderen wirklich wahrnehmend und nicht nur sexorientiert agieren. Wandert Mann fühlend durch die weibliche Landschaft, erfährt er sehr schnell, ob er Abkürzungen gehen kann oder eben gerade der lange Weg angesagt ist. Hier erfährt er, ob es nötig ist, erst mal am Lagerfeuer zu sitzen und das Feuer zu schüren oder er sieht, dieses brennt schon lichterloh. Wenn er fühlt, bemerkt er, ob die Quelle schon sprudelt und der See gefüllt ist, oder ob es etwas gibt, dass beseitigt werden möchte, damit es fließen kann. Ja, AbenteuerLUST ist angesagt. Warum? Weil die Abenteuerlandschaft der Frau nicht immer gleich ist. Weil die Wetterverhältnisse ständig anders sind. Manchmal stößt man auch auf Barrieren, welche den Weg verstellen und die beseitigt werden wollen. Barrieren, auf Grund umgefallener Bäume, oder Geröll, durch verletzende Erfahrungen in der Vergangenheit oder Gegenwart - durch Mann. Wenn dann diese Barrieren beseitigt wurden, weil ein fühlender Mann achtsam war mit verletzter Frau, dann ist dort plötzlich Platz. Die dann dort gesetzten Samen, durch fühlenden Mann, die lassen Neues erblühen, das dann auch erforscht werden möchte. Hier entsteht also Neuland, für sie und ihn. Dann gibt es Körperlandschaftsteile, denen vielleicht das Wasser fehlt. Orte, die nie gewässert, also liebevoll versorgt wurden und sich genau danach sehnen. Mann, du kannst, wenn du dich fühlend auf diese Reise einlässt, so viel erfahren und so viel Heilung zu Frau bringen. Begib dich auf diese Reise und sei dir im Klaren, es wird ein Abenteuer werden, weil es nun mal so ist, das selbst Frau oftmals nicht weiß, wie es in ihr gerade aussieht und sich anfühlt. Je mehr du über die „Geschichte" des Landes weißt, in welches du reist, je mehr wirst du auch erfahren und erleben auf dieser Reise. Da ist dann so ein Reiseführer wirklich was Feines. Je mehr du das Land fühlst und verstehst, desto mehr wird es dich mit Erlebnissen beschenken. Suche nicht nur die typischen Touristenorte auf, also diese ein zwei Punkte, welche für Touristen das Highlight sind. Entdecke die Regionen, die es auch noch zu entdecken gilt. Während ich das schreibe, muss ich natürlich grinsen und plötzlich sehe ich eine Wanderkarte vor mir. Jene, welche man oft aufgestellt auf Wanderpfaden sieht. Da gibt es immer diesen „Markierungspunkt", des Standorts. Dieser ist für mich, auf der Reise in das Abenteuerland Frau, stets der Ausgangspunkt, welcher im Herzensbereich liegt. Ich werde es mir nicht nehmen lassen, und dessen auch nicht müde werden, stets zu wiederholen, dass das „fühlen" und damit das Erreichen des Herzens, schlichtweg das Wichtigste ist im Miteinander. Das ist nicht nur auf die Sexualität zu beziehen, sondern auch auf das alltägliche Miteinander. Aber das ist ein Thema, auf das ich vermutlich noch eingehen werde. Wenn man in ein reales Abenteuerland/Neuland reist, welches einem gefällt, da marschiert man ja auch nicht mit der Machechte los und macht alles nieder, was im Weg ist. Man schlägt sich die Pfade nicht frei und nimmt sich nicht einfach das, was man haben möchte - mal ganz brutal ausgedrückt. Man achtet auf die Umgebung, auf die Tier & Pflanzenwelt und überhaupt. Man ist neugierig und will etwas erfahren. Man setzt sich nieder, um zu essen und zu erzählen. Man badet in wundervollen Seen, besucht Grotten oder stellt sich unter einen traumhaft schönen Wasserfall. Mal sind entspannende Phasen angesagt und dann wieder Action. Hier lasse ich eurer Fantasie mal freien Lauf. Denn jedes Abenteuerland ist anders. Erfahren heißt es, nicht benutzen oder zerstören. Zumindest sollte es genau so sein, wenn man eine Landschaft betritt, denn sie gehört einem nicht. Wer mit dem Herzen „reist", der wird auch mit dem Herzen sehen und kann somit Wundervolles erleben. Natürlich mag die Abenteuerlandschaft Frau auch „erobert" werden. Aber vielleicht sollte ich diese Definition noch mal genauer erklären und dafür nutze ich das Wiktionary - Erobern:

[1] ein fremdes Land in einem Krieg, dem Feind wegnehmen und unter die eigene Herrschaft bringen.

[2] jemand anderen für sich selbst günstig stimmen, einnehmen, gewinnen.

Fazit: Mit jeder erneuten Reise in dieses Abenteuerland, wirst du Mann, die Frau weniger als Führerin brauchen, da du dazu gelernt hast, weil du bereit dafür warst. Es wird dir immer leichter fallen, weil du immer mehr ins Fühlen gehen wirst. Warum? Na ganz einfach. Weil du schlichtweg wundervolle Erfahrungen sammeln wirst und Frau dich immer mehr fühlend beschenken wird. Und DAS ruft dann nach mehr! Ja, Frau wird unter deinem fühlenden sein, immer mehr erblühen und somit erschafft ihr wieder Neuland und damit Abenteuerland.

Das Kapitel ward geschrieben und ich verschickte es wieder an die Mitlesenden und fragte gleich noch, ob jemand eine Idee für ein Kapitelfoto hätte. Ich hatte zwar schon eines gewählt, doch es fühlte sich für mich nicht wirklich stimmig an. Abermals so ein Moment, da ich unendlich dankbar war, für die Unterstützung, welche dieser Reiseführer erfährt. So kam dann die Antwort einer Frau zu mir: „Sabine, ich las die Überarbeitung des Kapitels und las es prompt verkehrt: „Abend-teuerland." Noch ganz in der Energie dessen, was du geschrieben hast, dachte ich mir, ja - „fremder" Mann führt eine Frau gerne mal Abends aus und lässt sich das schon mal was kosten. Er hat ja ein Ziel vor Augen. An solch einem Abend aber, ist das Maß wichtig. Die gemeinsame Zeit, darf nicht zu kurz sein. Schön wäre es auch, wenn er eine Grundhöflichkeit hätte und Wertschätzung zeigt. Zu viele Männer können das nicht. Aber Frau will sich ja wohlfühlen und nicht die Beine unter die Arme nehmen, um schnellstmöglich zu verschwinden. Was sie sicher tut, wenn einer zu schnell grapscht und Empathie los zu rasant, zu dicht an sie ran rückt. Frau hört auch gerne ECHTE Komplimente, also bitte kein abgedroschenes Gesumms. „Mann", darf an der Haustür Auf Wiedersehen sagen. Kurz halten bitte - denn sonst wird es ermüdend. Auch hier darf er das rechte Maß finden, sonst wird ihn „Frau" an der Tür abwimmeln, statt ihn zum Gute-Nacht-Getränk einzuladen. Überhaupt, es ist wichtig, dass „Mann" der Frau genug Freiraum gibt, so dass sie spürt, es ist ihre freie Entscheidung, wie weit sie sich einlassen möchte. So lande ich, wie du Sabine, stets wieder beim Einfühlungsvermögen, welches schlichtweg wichtig ist. Ist „Mann" da wie ein LKW auf der Überholungsspur, schüttelt Frau nur genervt den Kopf. Fährt „Mann" in einem tollen Auto, NUR links, kann der erste Anblick zwar reizvoll sein, verursacht aber dennoch Kopfschütteln. Ich kann nur sagen: „Ein nettes, gepflegtes Auto, in ansprechender Farbe, mit sportlichem Auspuff, welches in angemessener Geschwindigkeit fährt, passend zu der Spur, auf der er gerade ist … alle drei Spuren sind möglich ;-) … und den Verkehr immer achtsam im Blick - das ist es!" So klappt das dann irgendwann auch mit dem Quickie. Zur Masturbation. Ich denke auch da ist Frau zu einem Quickie fähig, je nach Stimmungslage. Es gibt Tage, da ist man schon den ganzen Tag geil und kaum legt man Hand an, ist es auch schon passiert, bevor man sich auf sich selbst einlassen kann. Dann gibt es Tage, da zieht man alle Register, aber die Orgel bläst nur Luft. Da verstummen dann selbst die Harfen. Ja, manchmal schreit der Körper nach mehr, aber Frau ist einfach zu platt, um ihrem Körper den Höhepunkt zu verschaffen, obwohl sie sich kennt. Auch da ist es, wie bei einer alten Liebe. Man kennt sich, weiß vieles voneinander, aber manchmal will sich die Lust nicht so richtig einstellen. Dann bedarf es schon mal den ein oder anderen Reiz von Außen. Ich betrachte diese Form der Sexualität, nicht als Ersatzsexualität, sondern als „Karosseriepflege". Wenn man ein Motorrad nicht fährt, dann ist es schon wichtig es zu pflegen, damit man sich in passender Stimmung, bei einer guten Wetterlage drauf schwingen kann und die Gegend erkunden kann. Sich in die Kurven legen kann, durch tiefe Täler an glitzernden Bächen entlangfahren kann und auf den Hügeln eine tolle Aussicht genießen kann. Zu deinem mitgeschickten Foto. Das ist toll … ABER … ich sah plötzlich vor meinem geistigen Auge, eine Wassernixe, die mit gerade erhobenem Körper, ihre prallen Brüste zeigt. Ihr Körper geht unterhalb des Bauchnabels, in den Saum des Fischschwanzes über. So ist es auch mit den meisten Frauen … irgendwie! Kannst du sie für dich gewinnen „Mann", öffnen sich ihre Beine. Bist du aber zu rabiat und gefühllos, pressen sich die Beine aneinander und du kommst nicht an die Schatzkiste.

(Schlosspark Weinheim - Künstlerin Amaryllis Bataille)

Kurzfassung von Hans-Jürgen:

Das Kapitel „Abenteuerland Frau", erklärt „Mann", wie Frau fühlt, wie sie sich selbst fühlt und wie er dadurch auch fühlen lernen kann. Lass Dich von „Frau" an die Hand nehmen und begib Dich mit Ihr auf die Reise, durch Ihr ureigenes Land des Wahrnehmens, des Fühlens und des Liebens. Lass Dich auf jegliche Wetterlage ein. Du kannst nur gewinnen dabei!! Nämlich die Erfahrung eines neuen und wunderschönen Miteinanders.

Du kannst als Mann das „Abenteuerland Frau" nicht einfach erstürmen, benutzen und ausbeuten, denn damit zerstörst Du es. Es ist NICHT DEIN Land … NICHT DEIN Besitz … NICHT DEIN Eigentum!!

Genau so, wie wir ALLE nur Gäste auf der Erde sind und diese patriarchalisch behandeln.

Liebe machen contra sexeln

Als ich das Abenteuerlandkapitel zu Ende geschrieben hatte, telefonierte ich per Livechat mit einer Frau, um die sechzig und wir kamen auf meinen Reiseführer zu sprechen. Grob erzählte ich ihr den bisherigen Inhalt. Sie wollte dann ganz neugierig wissen, was ich denn im Abenteuerland Frau so geschrieben habe. Ich las es ihr vor. Sie lächelte, schmunzelte, nickte oft zustimmend und doch kam dann Folgendes: „Ja, schön geschrieben Sabine. Aber die meisten Männer wollen das doch gar nicht wissen. Weil dann müssten sie ja etwas ändern. Das wiederum würde Mühe oder Arbeit bedeuten - aus ihrer Sicht. Warum sich aber bemühen, wenn doch alles gut ist, wie es ist? Die meisten sind doch zufrieden, wenn sie in ihrer Beziehung die Eva zu Hause haben, die putzt, kocht, alles gemütlich macht und für den Sex zur Verfügung steht. Wenn sie nicht mehr so viel Sex kriegen, gewöhnen sie sich daran oder holen ihn sich woanders. Außerhalb kriegen sie die Lilith auf dem Tablett serviert. Ist doch perfekt. Eva daheim. Lilith auswärts. Wo ich eh denke, dass es eher eine Illusion ist, oder nur schwer zu erreichen ist, in einer Beziehung die Eva und die Lilith zu leben. Ich sage immer, wir sind nicht wirklich für die Monogamie geschaffen. Jagen, im Sinne von Flirten oder mehr, das tun Männer lieber woanders. Da ist es neu. Weißt du, ich denke, die haben keine Lust, bei der Ollen zu Hause, die sie doch schon in und auswendig kennen, stets auf Neue auf Forschungsreise zu gehen. Das ist halt so. Entweder hat man so eine geborgene, vertraute Beziehung oder eben eine Leidenschaftliche. Ich bezweifle wirklich, dass sich Beides in Einem leben lässt. Und weil es ist, wie es ist, ich kriege das doch um mich herum mit, leben auch immer mehr Frauen ihre Lilith woanders aus und sind daheim die liebe Eva. Ich fände das ja toll, wenn Männer deinen Reiseführer lesen würden, aber ich vermute, es wird so aussehen, dass Frauen den kaufen und ihren Männern schenken. Ob die Männer den dann auch lesen werden, da habe ich noch ein großes Fragezeichen." Das Gespräch ging noch interessant weiter, aber das erzähle ich an anderer Stelle.

Ihre Worte zu hören, das war nicht neu für mich, höre ich es doch in ähnlicher Form stets wieder. ABER ... wenn wir dieses Denken beibehalten, nämlich: „So war es, so ist es und so wird es bleiben." ... wenn wir uns selbst als z.b. die Ollen zu Hause betiteln ... wenn wir es weiterlaufen lassen, wie es bisher in vielen Fällen schlichtweg lief ... wenn wir weiter schweigen, statt Dinge an & auszusprechen ... DANN KANN SICH NICHTS ÄNDERN. So einfach ist das.

Hier an dieser Stelle, möchte ich noch mal auf mein Abenteuerlandkapitel eingehen und auf die Standortangabe, also Ausgangspunkt: „Herz". Es gibt ja auch jene Variante im WIR, da es Menschen vollkommen ausreicht, eine erfüllte geile Sexualität zu leben. Also Menschen, die gar nicht wirklich „Liebe machen" (wollen/können). DAS kenne ich auch, wenn es auch schon lange her ist. So machte ich mir noch mal Gedanken DARÜBER. Nur zu sexeln, statt Liebe zu machen, das hat ja auch seinen Grund. Dieser beruht sicher ein manches Mal, auf schlechten Liebeserfahrungen in der Vergangenheit, welche einen dahin brachten, ein Panzer ums Herz zu legen. Damit ist das Herz dann geschützt. Man lässt Niemanden mehr wirklich nah an sich heran und wird nicht mehr verletzt. Weil, eines ist sicher ... wenn zwei statt zu sexeln, „Liebe machen" ... da berühren sie sich auf tiefster Ebene und DAS ist verdammt nah!!

„Liebe machen" - das ist etwas ganz Großes!! Da begegnen sich nicht nur zwei Körper, da erfahren sich zwei offene Herzen, in vollem Vertrauen zueinander. Das ist Fühlen pur. Das ist eine andere Hingabe, als beim Sexeln. Das lässt einen komplett sanft und weich werden und das Herz beginnt zu tanzen. Wenn man Liebe macht, nährt einen dies noch ganz lange Zeit. Es schwingt noch lange mit. Es beschwingt. Es ist eben im Herzen noch lange präsent. DAS ruft nach MEHR und MEHR. Es ist ein Akt, den man nicht so schnell vergisst und der einem Tage noch ein Lächeln ins Gesicht zaubern kann. Selbst dann, wenn das Gegenüber, mit dem man das erfahren durfte, nicht mehr präsent ist, wird die Erinnerung bleiben. Denn sie wird aufbewahrt, in einer Schatztruhe im Herzen. Und „sexeln" - klaro, kann das megageil sein und der Körper ist dann auch wundervoll befriedigt danach. Wenn man aber nur gesexelt hat und war es körperlich noch so erfüllend, dann verpufft die Energie schnell wieder. Meist auch die Erinnerung daran. Weil eben nur der Körper Erfüllung fand.

Es gibt auch Menschen, die One-Night-Stands oder kurzes intimes Miteinander leben. Um eben mal schnell die Bedürfnisse zu befriedigen, die da sind. Wo es dann primär nur um Sex geht, wohl weil man davon ausgeht, mehr ist in solch einer Situation nicht möglich. Das scheint auf den ersten Blick, ein seltsames Satzende zu sein. Ist es in meinen Augen aber nicht und ich komme noch darauf zurück. Ich kenne einige Frauen, welche sich also gerne mal auf einen One-Night-Stand einlassen. Letztendlich aber ist es so, dass tief in Frau, vielleicht auch tief verborgen vor ihr selbst, der Wunsch nach inniger Nähe zu Mann vorhanden ist. Vielleicht spürt sie ja, oder auch nicht, diese Leere DANACH, also nach dem „sexeln", weil die Sehnsucht durch reinen Sex nicht gestillt werden kann. Vielleicht ist da aber auch nur ein Gefühl, welches sie sich nicht erklären kann. Fazit aber ist, dann sucht man weiter, lässt sich weiter auf solche Erlebnisse ein und erfährt letztendlich stets das gleiche Ergebnis. Für mich persönlich war es sehr spannend, als ich genau DAS von einem Mann bestätigt bekam. Es fing mit einem Gespräch an, in welchem ich ihn fragte, warum er sich ständig jemand zum „vögeln" suchen würde, also stetig wechselnde Partnerinnen hätte. Erst druckste er herum, als ich aber nicht locker ließ, meinte er: „Ich denke immer: „Das ist sie jetzt" und dann bin ich enttäuscht, dass es nicht der Fall ist, und suche weiter." Als ich ihm dann erzählte, was ich oben schon schrieb, dachte er nach und meinte: „Du hast recht. Ohne sich wirklich einzulassen, kann man ja auch nicht finden, was man sucht." Während ich hier so über dieses Thema schrieb, fiel mir ein Auszug aus meinem ersten Roman „Spannende Leichtigkeit - Lara und das Abenteuer Leben." ein. Lara schreibt mit ihrer Freundin Anna: „Weißt du Anna, wenn man schlechte Erfahrungen gemacht hat mit Mann, kann das schon zu Störungen des Weiblichen führen - hm, Anna, ob das bei Männern auch so ist? Also, das Verletzungen dahin führen, dass sie ihre Gefühle nicht zulassen oder abschalten? Frau versucht dann manchmal, sich das zurückzuholen, was sie verloren hat. Als ich noch sehr jung war, ging ich unbewusst auf Männerjagd. Ich suchte die Bestätigung, eine tolle Frau zu sein. Ich hatte null Selbstwert. Das Spiel machte Spaß. Ich fühlte wohl dadurch das Gefühl von Macht. Macht zu haben über den Mann, den ich gerade anmachte. Liebe war ein Fremdwort, oder anders, ich wusste gar nicht, was Liebe wirklich ist. Denn ich liebte mich ja nicht. Wie auch, wenn meine „Weiblichkeit" als schlecht geprägt wurde? Glücklicherweise ging ich mit kaum einer Beute ins Bett, weil ich letztendlich doch ein Hasenfuß war. Ich kam natürlich an Männer, die auch auf Jagd waren, denen es an erster Stelle nur um die Eroberung, die Trophäe oder um den „Stich" ging. Tja, ich habe sie ja durch mein Verhalten auch dazu eingeladen. Warum sollten sie da Nein sagen? Ergebnis war: „Frau macht Beine breit. Mann schafft sich Entladung überschüssiger Hormone. Im Nachhinein wurde die Jägerin zur Beute." Heute ist mir klar, dass ich es zugelassen habe mich benutzen zu lassen. Habe mich ja quasi angeboten. Der unterbewusste Rachefeldzug war also ein Schuss nach hinten. Habe mich dadurch selbst verletzt. Nach diesen ernüchternden Sex-Erlebnissen damals, sehnte ich mich so nach Nähe. Ich hatte definitiv nichts von diesen Geschichten, und ob die Männer mit mir Spaß hatten, das stelle ich heute groß in Frage." ENDE.

Ich bin mir sicher, dass in jedem, dieser tiefe Wunsch nach Nähe steckt und ich bin mir sicher, diese, inclusive Tiefe, kann man auch in einem kurzen Miteinander erfahren. Nämlich dann, wenn man nicht nur die gegenseitige körperliche Anziehungskraft wahrnimmt, sondern der Ausgangspunkt der Wanderschaft im Herzensbereich startet. Das ist dann möglich, wenn man sich nicht nur auf „irgendjemanden" einlässt. Das ist also dann möglich, wenn man ein Gegenüber mit dem Herzen und allen Sinnen fühlt UND einen gesunden Instinkt hat. Mit dem Herzen das Gegenüber „sehen" … ich erfuhr das meist auf die Weise, das ich in die Augen meines Gegenübers schaute und ihn „erkannte". Es war dann so, dass da ein Grundvertrauen da war, welches ich nicht erklären konnte. Man war sich eben „vertraut". So als ob man sich schon kennen würde. Instinkt meint … ich mache es mir jetzt auch hier einfach. Ein Auszug aus meinem Roman: „Bronzene Leopardenfrau/Die

Macht der Weiblichkeit" - Máire schreibt ihrer Freundin Tinka:

„Tinka, in einem Video welches ich sah, wurde erklärt, das es ganz wichtig ist, dass man sich, bevor man sich auf das noch fremde Gegenüber einlässt, sich einen sicheren Raum verschaffen sollte. Das Problem dabei wäre nur, dass wir das verlernt hätten. Also, dass wir diesen Instinkt nicht mehr so haben, mit welchem wir schon ohne viele Worte etc., erkennen können, ob man bei dem Gegenüber „sicher" ist. Diese Sicherheit ist notwendig für ein Miteinander, damit man wirkliche!! Hingabe leben kann, wurde berichtet. Dazu käme, dass die meisten Menschen schon Missbrauch in welcher Form auch immer, erlebt hätten, in der Opferrolle wären und verlernt hätten Grenzen zu setzen. Diese zu setzen, ist aber lebenswichtig. Spannend fand ich, als erklärt wurde, dass erst wenn man sich beim Gegenüber sicher fühlt, volles Vertrauen vorhanden ist und somit erst DANN wahre Hingabe gelebt werden kann. Diese Sicherheit, die holen wir aber aus uns selbst heraus, dann, wenn wir wissen, wir können in jedem Augenblick für uns sorgen. Dann, wenn wir in uns aufgerichtet sind. Je mehr wir in uns aufgerichtet sind und in unserer ureigenen weiblichen Kraft, desto mehr können wir dem Gefühl unseres Herzens vertrauen. Ja, Hingabe braucht dieses Vertrauen - in sich und in Mann. DANN entsteht dieser „weibliche Raum", in den WIR „fühlenden Mann" einladen und ihn in Liebe einhüllen. Dadurch erst sind wir in der Lage „Liebe zu machen." ENDE.

Wenn wir also mit dem Herzen sehen und uns selbst vertrauen und dann einem fremden Menschen begegnen, welcher uns auch im Unterleib erreicht und uns zum Brennen bringt ... ich kann nur sagen: „Dann ist

Unglaubliches möglich, selbst wenn es nur eine Begegnung für den Moment ist."

Wenn Herz und Triebe sich verbinden, sei es für den Augenblick oder eben in bestehenden Beziehungen, dann holen wir uns das Paradies auf Erde. Ein Paradies in dem Eva & Lilith gleichberechtigt ... nein - ein Paradies, in dem Mann, jene Frau entdeckt und lieben lernt, welche Eva & Lilith lebt. Wenn zwei Menschen wirklich „Liebe machen" und dazu gehört für mich mehr als nur Sex ... wenn sie miteinander erzählen und lachen ... wenn sie Zärtlichkeit und Leidenschaft leben ... wenn sie sich Raum geben für alles, was sich zeigt und gelebt werden möchte ... dann ist es das Höchste, was man miteinander erfahren kann. Dann ist das etwas ganz Großes. Ein Himmelreich auf Erden eben.

Um aber DIESES Himmelreich auf Erden, mit einem Menschen erfahren zu können, den wir nur für einen Augenblick oder für Augenblicke begegnen können ... aus welchen Gründen auch immer ... bedarf es Freiheit ... es bedarf die Hingabe an den Augenblick ... die Hingabe ins Hier & Jetzt ... frei von Erwartungen und Wünschen. Es bedarf das tiefe Wissen, das es manchmal einfach nur Liebes-Begegnungen gibt, die nicht gemacht sind ... die nicht geplant sind, für ein alltägliches WIR. Dennoch ist es Liebe. Es bedarf das Wissen, das Liebe war, ist und bleibt, egal wie die Umstände sind. Ein großes weites Herz hat viel Platz und liebt gerne. Hier gilt es, das Erfahrene einfach als Geschenk des Lebens zu betrachten.

Auch zu diesem Kapitel fand sich eine Dame, welche sich auch mal zu Wort melden wollte, wie ich sah, als eine E-Mail von ihr, bei mir landete: „Sabine, der Start des Kapitels, ist ein „heißes" Thema für mich. Der Mann, der zufrieden ist, wenn er seine Eva zu Hause hat, und kein Interesse daran hat es zu ändern, weil es ja Arbeit bedeuten würde... für mich ist DAS keine Liebe. Es ist der Wunsch nach versorgt werden und nicht viel dafür tun müssen. Da kommt sie hoch, diese unglaubliche Wut auf das Gegenüber und noch mehr, die Wut auf mich, weil ich es nicht auf die Reihe bekomme, dieses „benutzen", eine Form von Missbrauch, zu durchbrechen. Ein WIR, sollte gegenseitige Stärkung sein und nicht ein sich bekämpfen. Dennoch, ich sehe wie alte Strukturen zerbrechen und das ist gut so. Es geht darum Liebe zu leben, miteinander zu wachsen und auch nach Jahren noch Respekt und Achtung füreinander zu haben. Nur ist es so, dass viel zu viele Menschen, noch verletzte Kinder sind, statt Erwachsene. Ich stimme dieser Frau zu ... Frauen werden ihren Männern, „Reiseführer" kaufen und die werden dann liegen bleiben, weil „Mann" denkt, dass er sich ja nicht ändern muss, weil SIE sind ja gut, so wie sie sind. Es sind doch die dämlichen Frauen, mit ihrer Achterbahn der Gefühle, das Mann nie weiß, wo er gerade dran ist und überhaupt ist sie ja eh die doofe Kuh. Solange „Mann", sich nicht auf seine Gefühle einlässt und daher „Frau" nicht fühlen kann ... solange wird es beim Sexeln bleiben. „Mann" will ja die optischen Reize und eine Nummer, bei der er letztendlich, immer für sich selbst sorgt. Wenn die Frau dabei „kommt", ist es Honig für sein Ego. „Liebe machen" - das ist für mich etwas komplett anderes. Das ist eine Verschmelzung - ein Miteinander ... in blindem Vertrauen und fühlendem Verstehen. Das ist wie Tango tanzen. Ein Fließen ohnegleichen. Reine Liebe in ihrer buntesten Form. Ja, Sabine, dass, was die Frau dir erzählt hat, das hat mich sehr bewegt."

(Meine selbst gemachten Tonfiguren - 2011)

Kurzfassung von Hans-Jürgen:

In diesem Kapitel geht es um den Unterschied von Sex, wie ihn viele Männer praktizieren, und „Liebe machen".

SEX: Körperliche Befriedigung / triebgesteuertes Verhalten / Unachtsamkeit dem Anderen gegenüber - sprich: „Einfach NUR FICKEN!"

LIEBE MACHEN: Sich selbst und den anderen Fühlen & wahrnehmen. Eintauchen in Bedürfnisse & Wünsche - sprich: „LIEBEN!!!

Bewegung #metoo

Ich schrieb schon von jener Frau, welche das Wort „Olle"
benutzte. Das Gespräch einst ging noch weiter. Wir kamen
über diesen Reiseführer, auf Missbrauchsthemen zu
sprechen. Sie meinte, dass ja nicht jede Frau so etwas
erfahren hat und das auch nicht jede Frau solche Bedürfnisse
hat, wie ich sie so mitteilen würde. Das es ja auch Frauen
gäbe, die eine normale gesunde und auch erfüllte Sexualität
leben würden. Dann meinte sie: „Ich hab sicherlich als
Jugendliche auch Grenzüberschreitungen erlebt. Wenn ich
so drüber nachdenke, ja, da waren schon solche Situationen,
aber die konnte ich händeln. Es hat mich auch nicht geprägt,
das ich das so erlebt habe. Zumindest bemerke ich es nicht.
Einmal kamen junge Männer auf mich zu und wollten
grapschen. Ich hab dem Einen einfach eine runter gehauen.
Im Nachhinein betrachtet, hätte das ganz schön in die Hose
gehen können."

Als ich ihre ersten Wort hörte, fing ich an, an meinem
Reiseführer-Projekt zu zweifeln. Aber ich hörte ihr still
weiter zu. Ja und da kam es dann - wieder!!! Auch sie hat
sexuelle Grenzüberschreitungen erfahren. Es war gut, dass
sie damit umgehen konnte, aber das kann nicht jeder. Ob es
sie wirklich nicht in ihrem Verhalten geprägt hat, das weiß
ich natürlich nicht. Klar, hatte sie auch recht mir ihrer
Aussage, dass sich nicht jede Frau das wünscht, was ich hier
niederschreibe. Dennoch kenne ich eben zu Genüge, jene
Frauen, die sich danach sehnen. Letztendlich gibt es so viele
Nuancen und Facetten des Mensch seins und dadurch auch
Bedürfnisse, das ich das eh nicht alles in ein Buch kriegen
würde. Und ja, nicht jede Frau hat sexuellen Missbrauch
erlebt. Aber wenn wir mal ganz ehrlich sind, gibt es kaum

einen „Menschen" der nicht irgendwie traumatisiert ist. Es gibt schließlich noch emotionalen, körperlichen und seelischen Missbrauch, auf beiden Seiten. Davon abgesehen, das wir alle sehr unterschiedlich sind, in unserer Empfindsamkeit.

Aber ich möchte nun hin zum Thema der #metoo Bewegung. Es ist ein Thema, welches in DIESEM Reiseführer NICHT fehlen DARF. Übergriffigkeit & sexuelle Belästigung. Ja, auch Frauen belästigen Männer. Da ich aber ein weibliches Wesen bin, schreibe ich aus der Warte von Frau. Also geht es hier, um die Übergriffigkeit durch „Mann". Fakt ist nun mal, dass dies geschieht und unglücklicherweise, nein erschütternder weise, viel zu oft.

#metoo … im Netz so viele Frauen, die sichtbar wurden und so viele Postings, in denen stand: „#metoo." Für mich war das ein sehr befreiendes Gefühl und ich fühlte mich plötzlich nicht mehr alleine. Alleine, im Sinne von „nicht mehr schweigen.", denn über das Thema schrieb ich, verpackt in Liebesromanen, schon Jahre. So wie ich zwei Mal auf Kundgebungen sprach. So las ich viele Postings und Kommentare aufmerksam mit und spürte dabei eine solche Wut in mir aufsteigen, auf viel zu viele Männer und deren Antworten auf diese Aktion. Es machte mich auch ärgerlich, dass Frauen auf die gleiche Weise mitmischten. Es machte mich missmutig, dass diese Bewegung mehr oder weniger als Seifenoper hingestellt wurde. Ich las, dass diese Bewegung den wirklichen Opfern schaden würde, beziehungsweise deren Erlebtes mit den Füßen treten würde. Die Bewegung wurde niedergemacht, bagatellisiert und so viel mehr. Ja klar, es ging ja nur um bekannte Schauspielerinnen, welche Jahrzehnte später, von sexuellen Belästigungen sprachen. Nur! … NEIN … es ging in meiner Wahrnehmung nach um viel mehr!! Die Schauspielerinnen haben nur etwas ins Rollen gebracht, das längst überfällig war und es wird weiter rollen. Eine Lawine kann man erst mal nicht aufhalten, denn sie wird sich ihren Weg suchen.

Ich las Kommentare wie: „Jetzt kommen DIE mit so was.", „Geht doch nur um Promotion.", „Ist denen langweilig?", „Da könnte ja jede, jederzeit jeden denunzieren.", „Sich erst hoch schlafen und dann damit kommen.", „Die sollen das mal beweisen.", „Warum haben DIE, wenn das wirklich passiert ist, damals nichts gesagt. Hätte wohl der Karriere geschadet." ... das sind die gelindesten Sätze, die ich las oder zu hören bekam. Alles andere habe ich sofort aus meinem Gehirn gelöscht, weil es mich einfach nur erschütterte.

Noch einmal: Dieses Thema gehört in diesen Reiseführer, da ich hier, 28. Oktober 2017, 6:17 Uhr Quelle: ZEIT ONLINE, Folgendes fand: „Den Zahlen zufolge hat mehr als jeder sechste Mann in Deutschland schon einmal jemanden sexuell bedrängt." DAS ist für mich unfassbar und es wird wahrlich Zeit, dass sich „Mann" mal, mehr als nur Gedanken über dieses Thema macht. Es geht bei dieser Aussage „nur" um sexuelle Belästigung und jede Frau hat andere Grenzwerte. Um so mehr geht es nun um Werte wie Achtsamkeit, Respekt und überhaupt. Es geht darum wahrzunehmen und zu fühlen, dann erkennt man sehr schnell, wann Grenzen überschritten werden. Wenn es dann doch mal passiert, kann man sich ja entschuldigen. Aber all das fehlt den Menschen im Allgemeinen ja schon und wenn es dann um das Miteinander von Frauen und Männer geht, wird es noch komplizierter. Ja, neues Handeln mag schwierig sein ... am Anfang ... alles ist irgendwie schwierig am

Anfang - oder? Weil es neu ist. Sprachen wollen auch gelernt werden. Das Können kommt mit dem Üben.

Ich war erschüttert von so viel Unverständnis auf der männlichen Seite, bezogen auf diese #metoo Bewegung. Warum? „Mann" weiß nicht! Er beschäftigt sich nicht mit diesem Thema. Aus diesem „Nichtwissen" heraus, entsteht ja auch jene Zahl, dass jeder 6. Mann schon sexuell belästigt hat. Sie machen einfach, was Mann halt so macht und nehmen „Frau" nicht wahr - erkennen Grenzen nicht. „Nicht wissen" ... weil man/n sich nie wirklich auf dieses Thema eingelassen hat. Hier noch einmal eine ganz klare Info: „Jede 3. Frau erfährt sexuellen Missbrauch." (Im Verhältnis dazu, jeder 7. Mann) Also lieber Mann: „Frau erfuhr und erfährt Missbrauch durch Mann. Durch deine Artgenossen. Also SIE erfährt tiefste Verletzungen, mit massiven Folgen. Du willst glücklich sein mit „Frau" und du willst lustvolle Erfahrungen machen mit „Frau" ... so kann dein Beitrag sein, achtsamer mit „Frau" zu sein oder einfach noch achtsamer oder mal anfangen damit. Selbst dann, wenn es schwierig scheint."

Hier lande ich erneut beim „Abenteuerland Frau" ... Übung macht den Meister. Erfahren macht den Meister. Fühlen macht den Meister. Es wird Zeit, das mehr Männer, den Schmerz der Frau fühlen. Punkt. Nicht alle Männer sind gleich, und ich schere sie nicht über einen Kamm, aber es gab und gibt schlichtweg zu viele, die unemphatisch mit diesem Thema umgehen. Wenn du „Mann", dich gerade angesprochen fühlst, also in Resonanz gehst, kannst du dich gleich mal fragen, wo du schon grenzwertig oder übergriffig mit Frau warst. Dann gibt es noch die NUN Verunsicherten, welche durch die #metoo Bewegung, nicht mehr wissen, wie sie jetzt mit Frau umgehen sollen. Ach auch hier gibt es so viele Nuancen.

Denke ich zurück, an diese vielen Gespräche, welche ich mit „Mann" und sogar langjährigen, männlichen Freunden führte, bleibt ein Fazit: „Ich, als Frau ... ich, als Betroffene, wünsche mir schlichtweg eine ZUSAGE von Mann. Die Zusage, das dieses Thema, eben ein Thema ist, und zwar ein verdammt noch mal WICHTIGES!!! Die Zusage, dass es Männer gibt, die sich auf diese Weise verhalten - und ich denke, so geht es auch jenen Frauen, die keinen Missbrauch erfahren haben. Was ich meistens im Gespräch über diese Thema erhalte, sind verbale ... ja, fast schon Angriffe. MIR wurde zum Beispiel mitgeteilt, in unschönem anweisenden Ton, dass ICH als Frau, meine Grenzen klar und deutlich zeigen müsste, wenn sie von Mann überschritten werden. ICH als Frau müsse im Extremfall, dem Gegenüber eine knallen. ICH ALS FRAU - MUSS DAS TUN - also zuschlagen!! Da stellt sich mir gerade die Frage, wie groß der Schritt von sexueller Belästigung, zum sexuellen Missbrauch ist. Wenn jede 3. Frau sexuellen Missbrauch erfahren musste, jeder wievielte Mann ist dann Täter? Hier stellt sich mir die nächste Frage: „Zu welcher Sorte Mann gehört jener, der gerade grenzüberschreitend ist und dem ICH, als FRAU, eine knallen soll? Wie ist der drauf? Wie wird er reagieren, wenn ich für mich sorge?" DAS weiß ich leider nie im Vorfeld.

Natürlich muss ich als Frau lernen für mich zu sorgen, wenn ich es noch nicht kann. Mehr dazu gleich. Aber - verdammt und zugenäht - ehrlich gesagt, schwillt mir gerade der Hals zu ... und ich bemerke dabei, dass mir nicht mal Schimpfworte einfallen, die beschreiben würden, was ich gerade fühle und somit lande ich einfach wieder beim

„Auskotzen". Nun ja, ich hoffe hier echt auf meine Mitleserinnen, gebe ich zu. Vielleicht finden sie passende Worte. ALSOOOO: Selbst wenn FRAU für sich sorgt, dann bedeutet das doch schlichtweg NUR, dass SIE „reagiert" und die FOLGEN!! bearbeitet UND eventuell dadurch, weitere Folgen verhindert. Eventuell!! Denn sicherlich, lässt sich DAS dann, nicht JEDER Mann gefallen. Kommt das an??? Die Frau soll REAGIEREN? Wie wäre es, wenn Mann aufhört, grenzüberschreitend zu AGIEREN? Wie wäre es, wenn wir an die Wurzel des Themas, des Übels gehen? Hier liegt nämlich die Lösung!

Des Weiteren erfuhr ich, durch Gespräche mit Männern, dass die Angst des Mannes, denunziert zu werden, größer ist, als die Bereitschaft zu erkennen, dass die Gefahr, dass dies passiert, so gering ist, im Verhältnis zur Anzahl sexuell missbrauchter Frauen, die nun den Mund aufmachen. Und DAS ist noch immer die Minderheit. Die Angst des Mannes, denunziert zu werden oder mit „solchen Artgenossen" über einen Kamm geschert zu werden, ist größer, als das Wahrnehmen, wie viel Mut und Kraft es eine Frau kosten kann, sich zu outen und wie viel Schmerz sie in sich trägt. Ich kotze immer noch - sorry. Da wird etwas, das gar nicht geschehen ist, höher gestellt, als das Erlebte von Frauen - höher als das, was schon geschehen IST und das ganze Leben der Frau prägt. So etwas macht mich schlichtweg fassungslos und der Knoten in meinem Hals löst sich und Tränen fließen. Ich verstehe es einfach nicht!!! Warum haben „Männer", welche diese Aussage von sich geben, so eine Angst? Ich weiß es nicht.

Fazit ist, es scheint so viel leichter zu sein, das Thema zu bagatellisieren, sich nicht damit zu beschäftigen und wenn dann eine Aktion wie #metoo kommt, dann findet man genug, auf das man sich verbal stürzen kann, das man niedermachen kann, verdrehen kann und überhaupt, statt sich mal wirklich zu informieren. Wo ich wieder bei der Aussage von „Mann" lande: „Warum kommen die jetzt, nachdem Jahrzehnte vergangen sind." Da wird dann darauf ´rum geritten, statt mal zu hinterfragen, warum dem so sein könnte. Wie war das Leben jener Frauen, vor 10, 20, 30 Jahren? Wie waren sie da? Weiß doch keiner - oder? Wie wurde einst mit solch einem Thema umgegangen und noch heute viel zu oft, wie man sieht? Was muss eine Frau über sich ergehen lassen, wenn sie sich outet? Hätte sie einst überhaupt die Kraft gehabt darüber zu sprechen? Wie wäre mit ihr umgegangen worden - vor allem durch „Mann"? Hey „Mann", der du nicht hinsehen KANNST: Betroffenen wurde nicht einfach nur eine Geldbörse geklaut. Sie wurde sexuell übergriffig behandelt oder missbraucht oder vergewaltigt. Das ist ein Trauma und es führt zu OHNMACHT. Schon alleine die Vorstellung, dass Frau dann, wenn sie eine Anzeige startet, all das noch einmal erzählen muss, da wird mir speiübel. Wahrscheinlich, ich weiß es nicht, waren jene Positionen vor vielen Jahren noch, durch „Männer" besetzt. Das ist für mich persönlich gerade eine absolute Horrorvorstellung. Für dich nicht? Beim Erzählen erlebt Frau alles noch einmal. Jede Frau, die DAS schafft, hat meine absolute Hochachtung! Weitere Gedankengänge, denen man/n folgen könnte. Vielleicht hatte so eine Manche, welche sich heute erst outet, schon als Kind diesbezüglich Erfahrung gemacht? Erlebte also eine Wiederholung und dadurch eine Retraumatisierung? Das sind die Fragen, die man sich stellen sollte, statt auf unwichtigen Details drauf ´rum zu hacken. Ich spüre gerade, wie sie wieder hochkommt, diese Wut ... aufgrund so vieler

Gespräche, die ich schon führte und welche mich teilweise wirklich sprachlos machten und erschütterten. Gerade dann, wenn einem Männer vertraut und Freunde sind.

Ich, als Frau, wünsche mir und das wünschen sich sicher viele andere auch, dass man/n mal hinschaut, wo er eventuell schon Grenzen überschritten hat, ohne es gleich zu bemerken. Das man/n mal hin fühlt, was es mit einem gemacht hat, im Nachhinein, falls es einem bewusst wurde und man mutig genug war, zu fühlen. Der Wunsch ist da, das hinein gespürt wird, in die Erkenntnis, das es männliche Artgenossen gibt, die Frauen so ein Leid zufügen. Wieder und immer wieder. Das wahrgenommen wird, welcher Schmerz hier bei Frau verursacht wird und wie die Folgen davon sind. Das man/n sich aufrichtet im Innen und im Außen auch.

Zum Thema: „Frau muss sich wehren." Ja, so wie Mann fühlender, achtsamer und wahrnehmender werden darf … damit das sich wehren, immer weniger notwendig wird. Hier noch eine weitere Information, zu der Frau, die sich wehren soll. Erlebter sexueller Missbrauch hat zur Folge, dass Frau in ähnlichen wiederkehrenden Situationen in eine Starre verfällt. Also ohnmächtig und handlungsunfähig wird, da sie zurückgeworfen wird, in das einstige Ereignis. Also ist es einer Betroffenen nicht immer möglich, sich zu wehren. Dennoch wäre es natürlich sinnvoll für eine Betroffene, eigenverantwortlich den Weg der Heilung zu gehen, um aus diesem Zustand der Ohnmacht und des Opferseins hinauszuwachsen. Es ist wie in so vielen Themen, beide Seiten benötigen es, in sich zu verändern, damit Veränderung stattfinden kann. Damit beende ich erst mal das #metoo Kapitel, von meiner Seite aus, versende es und bin neugierig, ob Mitleserinnen reagieren werden. Und sie taten es.

Eine Frau schreibt: „Sabine, ich las dich und du schreibst sehr bewegend. Hast genau dieses Feingefühl, jene Punkte anzusprechen, die dahin führen, dass ein Gedankenkarussell in Gang kommt. „Die Frauen der #metoo Bewegung, sind doch selbst schuld." Nun, für mich ist es so, dass diese Frauen sich geöffnet haben, weil es sonst nie aufhören würde. Immer wieder drehen sich Betroffene im Kreis, kommen wieder und wieder, selbst wenn sie Heilarbeit an sich leisten, an Menschen, die ihre Grenzen verletzen. Wieder und wieder, reagieren sie wie das Kind, das einst verletzt wurde … Frauen hoffen jeden Tag, das es besser werden wird. Sie hoffen, dass erkannt wird, was der Grund ihres Schweigens ist. Nämlich die unbändige Angst, Worte auszusprechen … weil man erfahren musste, wie man mundtot gemacht wurde. Irgendwann aber kommt der Punkt, da sie nicht mehr können. An diesem Punkt MUSS Frau dann das Schweigen brechen. Weil der Druck und der Schmerz einen schier überrennen. Ja, es gibt Frauen, die Sexualität gut leben können, die Spaß dran haben, aber auch bei Ihnen nehme ich den faden Beigeschmack wahr und sie erwähnen, wie Mann so typisch Mann ist, in anderen Lebensbereichen. Mann, der Bestimmer sein will, den Arsch raus hängen lässt, so dass eine gelebte sinnliche Sexualität, am Alltag zu scheitern droht. Ja, WIR MÜSSEN … WIR müssen dies und müssen das. WIR müssen Grenzen setzen, den Mund aufmachen und uns wehren. WIR!!! Aber soll ich dir mal was sagen? Ich kenne Frauen, die sind stark geworden und selbst diese, müssen immer wieder aufpassen, dass sie nicht unter dieser stoischen Form eines männlichen Wesens, das NICHT FÜHLT, zusammenbrechen. Dieses

Gefühl, gegen Mauern zu rennen und nicht zu wissen, wie man noch an „Mann" herankommen soll, das ist schon sehr erschütternd. Du schriebst es ja selbst, wie es dich schockiert, wenn selbst dir nahestehende Männer, manchmal so unempathisch sind und so eine Scheiße vom Stapel lassen. Und SIE kennen DEINE Geschichte. Geht`s noch? Da muss Frau doch wütend werden. Da ist es doch normal, dass die Wut sich breitmacht. Ja, auch Mann hat Missbrauch erfahren, vielleicht weniger sexuellen Missbrauch, dafür aber Emotionalen oder Körperlichen. Vom Vater an den Sohn … geprügelt und für nicht genug empfunden. Von Mutter an den Sohn … geschlagen, weil sie überfordert war und doch eigentlich nur das Beste will. Ein Kind, das lernt zu fühlen und zu verstehen, erfährt sozusagen ein Traumata, welche stets wieder und wieder weitergegeben wird. Letztendlich stehen sich wirklich zwei Kinder gegenüber und jedes ist voller Narben und Verletzungen, gefangen im eigenen Schmerz. Nur die Wenigsten sind bereit aufeinander zuzugehen und gemeinsam zu heilen. Das von dir gewählte Kapitelfoto, das zeigt sehr gut, was es für Frau bedeutet „Mut" zu gebären. Frau in ihrem Schmerz, irgendwo alleine mit sich. Zusätzlich noch ein Stück Holz im Mund, damit man ihren Schrei nicht hört und der Geburtsprozess durch Mann ja nicht gestört werden kann. Die „Stillen Schreie", welche Frau erfährt, mit all dem Schmerz, der dranhängt … bis das Baby „Mut" dann geboren ist. Sabine, bei jeder Frau dauert der Geburtsprozess unterschiedlich lange und es ist gut, dass du für das Foto Sepiafarbe gewählt hast. Sepia ist in der Homöopathie das Heilmittel für „missbrauchte Frau". Für die Frau, der die Würde und die Freiheit genommen wurde. Sepia will die Kriegerin, die Amazone in jener Frau wecken. Sepia tritt für die Rechte der Frau ein. Sie lässt keine

Entwürdigung mehr zu. Sie ist KLAR in ihren Worten und in ihrem Handeln, sagt was sie denkt."

Eine weitere Frau, welche mir auch mitteilt, dass sie „Betroffene" ist, schreibt zu diesem Kapitel: „Sabine, eine unglaubliche Wut steigt beim Lesen dieses Kapitels in mir hoch. Viel in mir Vergrabenes zeigt sich wieder. Missbrauch, so oft erfahren, durch Mann: Vater, Arzt, Lehrer, Chef. Es durchzieht mein ganzes Leben, bis vor 10 Jahren. Ja - KOTZ!!! Und dann lese ich solche Äußerungen, wie in diesem Text, von Männern, als auch von Frauen und mir wird speiübel. Ich kotze mich aus und sage: „Das sind allesamt Schweine und unempathisches Gesindel. Die sollen ihre Fresse halten, wenn sie keine Ahnung haben." Folgen von Missbrauch … unbeschreiblich und sie durchziehen das ganze verfickte Leben. Vielleicht landet ja Folgendes bei Männern, die nix kapieren und nix fühlen: „Mann, stell dir vor, da kommt ein Anderer und verpasst dir von hinten einen „Einlauf". Ob du willst oder nicht. Einfach eben mal so. Wie würdest du dich DABEI fühlen?!!!"

Als ich die Worte der zwei Frauen las, ging MIR das durch und durch. Nun, wenn solche Worte nicht aufrütteln - was dann? Zumindest, war ich zutiefst geschockt, bei all dem Schmerz, der mir mit dem Lesen dieser zwei Schreiben entgegenflog. Ja, hinter dieser tiefen Traurigkeit, der Wut, diesem Zorn, da liegt so ein unendlich tiefer Schmerz.

Ich selbst mag dazu noch etwas schreiben. Darüber schreiben, wie ich es fühle und ich habe dem auch einen Namen gegeben: „Unverständnis im Verständnis." BEIDES darf sein und ich fühle auch BEIDES! Warum? Ganz einfach. Menschen werden zu dem, was sie sind, denken & fühlen, aufgrund von Erfahrungen, die sie gemacht haben. Die eine Dame schrieb es ja schon, wir sind alle irgendwie verletzte Kinder. Menschen verletzten bewusst oder unbewusst, weil in ihrem Inneren ein Krieg der Emotionen stattfindet. Solche Aussagen wie hier im Kapitel geschrieben, flutschen meiner Wahrnehmung nach, einfach vollkommen ungefiltert und unüberlegt aus den Mündern - was es natürlich nicht besser macht. Der Grund, dass dem so ist, denke ich, ist der Übliche ... wo wir wieder beim Thema „fühlen" landen. Solange ein Mensch sich selbst nicht fühlt, mit allem, was es zu fühlen gilt, wird er wenig Empathie für andere haben. Solange dem so ist, geschehen Grenzüberschreitungen. Im Kleinen, wie im Großen. Ich könnte da jetzt noch weit ausholen, lasse das aber, weil das alles Themen sind, die auch in meine Bücher einfließen. Fakt ist, das fast jeder Mensch ein Traumata in sich trägt. Dieses Wissen, bringt mir Verständnis für mein Gegenüber. DENNOCH bleibt das UNVERSTÄNDNIS ... weil bestimmtes Handeln, Sätze, Aussagen und überhaupt, einfach vollkommen fehl am Platz sind und man schlichtweg das Recht hat, DAS NICHT ZU VERSTEHEN. Frau hat das Recht wütend bis zornig zu sein. Männer sind auch Menschen! Menschen sind in der Lage zu fühlen. Menschen sind in der Lage, sich zu verändern. Menschen sollten sich voller Respekt, Wertschätzung, Achtung und Liebe begegnen. Es wäre wichtig, dass viel mehr Menschen, ihre innere Kämpfe anschauen, ihre Traumata heilen lassen, ihren inneren Frieden finden ... denn das Innere der Menschen, wird sich im Außen spiegeln. Solange zu viele Menschen ihren inneren Frieden nicht gefunden haben, werden Machtstrukturen Macht haben und es wird Krieg im Außen geben, statt Frieden, den wir uns doch letztendlich alle wünschen.

(Selbst gemachte Tonfigur 2011 - Geburt von Mut - alleine & im Stillen -
nie wieder schweigen - #metoo)

Kurzfassung von Hans-Jürgen:

In diesem Kapitel #metoo, geht es um ein Problem, was **uns alle** aufrütteln und zum Umdenken veranlassen sollte. Es geht um sexuelle Übergriffe in jeglicher Form und um Missbrauch bei Frau, wie auch bei Mann.

Es geht darum, wie unsere Gesellschaft dieses Thema mehr oder weniger totschweigt, und wir durch eine viel bessere Aufklärung und Kommunikation für mehr Verstehen, Verständnis und auch Hilfestellung sorgen könnten. Das ist notwendig, damit Betroffene den Mut haben, ihr Schweigen zu brechen.

Frauen sind kein Freiwild!! Niemand hat das Recht, seinen Willen dem anderen aufzuzwingen.

MISSBRAUCH IN JEGLICHER FORM
IST EIN „NO GO"!!!

Männer richtet euch auf

Als Zusatzkapitel zum Thema #metoo, füge ich hier eine Geschichte ein, welche ich Ende 2017 in Facebook postete:

2017: Gestern ahnte ich noch nicht, was mich heute Morgen so einholen würde. Ich war ausgeknockt, weil da ein großer Körperschmerz da war, welcher mich dazu zwang, in die Ruhe zu gehen. Ich fragte mich, was los ist und fand keine Antwort. War doch alles gut! Die Antwort fand mich aber. Am Abend zuvor, erhielt ich einen Link von einer Freundin, zum Lesen zugeschickt. Ich las nur die Überschrift am Abend, welche wohl schon im Unterbewussten zu arbeiten begann. So begann ich am Morgen, den ganzen Artikel zu lesen: (Quelle: www.sein.de/30.12.2017) „#metoo - neue Männer braucht das Land - immer noch."

Padma Wolff schrieb aber letztendlich von Frauen und Männern. Einiges in diesem Bericht war wirklich lesenswert. Durch das Lesen wurde ich erinnert, an meine Rede in Hagen 2012. Auf der Kundgebung gegen sexuellen Missbrauch - „Das Schweigen brechen." Ich erinnerte mich an jene vielen Gespräche mit „Mann" und erkannte einen „roten Faden", der nun einen Namen bekam: „#metoo."

Ich erinnerte mich auch an einen Albtraum, in welchem ich vor vielen Männern stand, mit Ihnen sprach, nicht gehört, nicht gefühlt wurde und ich das Gefühl hatte, nur Laute auszustoßen. ICH hatte das Gefühl, mich NICHT klar auszudrücken, was ich aber sehr wohl tat, in diesem Traum - es kam nur nicht bei IHNEN an! Ja und genau DAS habe ich in meinem Leben mehrfach und viel zu oft erlebt, was das Thema Missbrauch und Grenzüberschreitung betrifft. Der Höhepunkt all dieser Gespräche mit „Mann", der lag zu jenem Zeitpunkt gar nicht lange zurück. Es war ein sehr langes Gespräch über dieses Thema, mit einem guten Freund, welcher mich schon Jahrzehnte kennt. Eine Frau war auch „still" anwesend. Jedes Mal, wenn ich mit einer Antwort ins Schwarze traf, sah ich den Schock, den meine Worte bei „Mann" verursachten. Sah wie mein Gegenüber dicht machte, den Schalter umlegte und bagatellisierte, Erklärungen fand, analysierte etc.. Ja, ich sah sein Entsetzen und erkannte, dieser Schmerz, den ich verständlich machen wollte, der kann/will von „Mann" nicht gefühlt werden. Ganz am Ende des Gesprächs wurde mir das glücklicherweise durch ihn noch bestätigt. Dafür war ich dankbar, denn das sind „heilsame Momente" und die brauchen WIR! Im Laufe des Gesprächs, wurde es mir aber irgendwann alles zu bunt und ich erzählte ihm eine fiktive Geschichte:

„Stell dir mal vor, da ist ein PAAR und was ich erzähle, ist sicher eine Geschichte, welche in unterschiedlichsten Weisen stets wieder geschieht. Wir gehen jetzt mal davon aus, dass der Mann eigentlich ein ganz Lieber ist. Nun ist er aber besoffen, hat Lust auf Sex und sie sagt deutlich NEIN. Er schert sich nicht drum und macht weiter. Sie bestätigt ihr NEIN über die Körpersprache. Es kümmert ihn nicht und er zieht sein Ding durch. Wahrscheinlich sogar sehr lange, da er ja betrunken ist. Für mich ist das sexueller Missbrauch."

Nun, ich sah im Gesicht meines Gegenübers: Schock - Ohnmacht - ein sich sammeln - den Schalter erneut umlegen und dann hörte ich ihn sagen: „Also bitte … ja, das war nicht in Ordnung - ABER … nun, die Frau hätte sich wehren müssen." Ich konnte nur noch sagen: „Wehren? Als Frau gegen einen Mann, der betrunken ist?"

DAS war mein Höhepunkt des Jahres 2017, weil seine Reaktion das i-Tüpfelchen all meiner Gespräche mit „Mann" in diesem Jahr war. Gespräche, welche ALLE in ähnlicher Form stattfanden. Was in mir ablief, kann ich ganz einfach beschreiben: Ich musste weinen, weil mir hier die Tragweite des Ganzen erst so richtig bewusst wurde. Wenn selbst ein Mann, der mich Jahrzehnte kennt und den ich als recht fühlend kenne, SO!! reagiert ... das war Schock pur für mich. Obenauf kam dann die bisher stille Frau und sagte zu mir: „Sabine, es reicht. Das bringt alles nichts. Du kannst Menschen nicht verändern. Hör auf da reinzugehen. Du machst dich nur kaputt. Hör auf, darüber zu sprechen und zu schreiben." In mir nur ein Gedanke: „Ja, so ist es. Zu viele Männer noch, die es nicht schaffen in das Thema hineinzufühlen und zu viele Frauen noch, die still bleiben. Still bleiben, weil sie die Hoffnung verloren haben? Weil sie nicht wissen, wie es veränderbar ist? Weil sie das Thema ad acta gelegt haben und es schlichtweg nicht mehr „fühlen"? Weil der Schmerz zu groß wäre, täten sie es? Weil sie Angst haben, die Wut könnte nicht mehr kontrolliert werden, würden sie ihr mal freien Lauf geben?

Mein Weinen endete abrupt und ich konnte nur noch hinausschreien!!!, dass ich NICHT MEHR still bleiben werde ... UND das ich mir LÖSUNGEN wünsche!

So komme ich zurück zu dem, was Padma Wolff schrieb: „Den Männern, die jetzt glauben, sich verteidigen zu müssen, möchte ich sagen: „Es kann doch auch nicht in eurem Interesse sein, dass die zugrunde liegenden Machtstrukturen und sexuellen Identitäten so fortgesetzt werden, oder?! Ihr leidet doch selbst darunter, wenn ihr nicht auch offen, verletzlich und einfühlsam sein dürft. Diese Atmosphäre der Verschlossenheit wird doch durch all die Vorsicht und Abwehr, mit der Frauen sich vor sexuellen Übergriffen schützen, nur noch weiter verhärtet! Sicherlich ist es aufgrund des noch immer vorherrschenden Männerbildes für Männer sowieso schwerer als für Frauen, Unsicherheit, Scham und Verletzlichkeit zuzulassen. Doch DAS ist die Voraussetzung für offenen Kontakt, echte Nähe, für wirklich nährende Intimität und Liebe, die Grundlage für Glück und gesundes Selbstvertrauen. Ein Bewusstsein dafür, was liebevoll und nährend ist, was guttut und was nicht. Die Fähigkeit, Grenzen zu erkennen, zu setzen und zu respektieren, wächst mit dem Erfahrungsschatz an liebevollem, haltendem Kontakt. Ich möchte viel lieber, dass alle Wesen frei und ungehindert ihr schönstes, liebevollstes, lebendigstes Selbst sein und leuchten lassen können und dass wir alle dazu beitragen, dafür einen vertrauensvollen Raum zu bieten." In einem weiteren Bericht am 22.11.2017, im Spiegel online, von Jakob Augstein, las ich Folgendes: „Es ist schon so: „Wenn die Frauen ihre Furcht verlieren sollen, müssen die Männer diese Furcht erst selbst kennenlernen." Diesen Worten stimmte ich innerlich zu. So viele Jahre spreche ich nun schon gezielt mit Männern über dieses Thema. Immer wieder war/bin ich erstaunt, welche Reaktionen kamen/kommen. Ja, es gibt ein paar Einzelne, ein paar Wenige, die „fühlen", um was es geht, aber das sind definitiv zu wenige. Hier lande ich bei jenem Albtraum, den ich schon erwähnte. Ein Albtraum, der mich dahin brachte, das es in mir das erste Mal so wirklich brodelte. Ein Albtraum, der mich dahin führte, mich auf neue Weise der Internetwelt zu zeigen, was wohl der erste Schritt hin zu diesem „Reiseführer" war.

In diesem Traum ging ich einem kleinen Mädchen hinterher, weil ich mir Sorgen um sie machte. Am Ende des

Pfads, den sie gegangen war, blieb ich stehen und schaute nach der Kleinen. Ich sah sie nicht, doch ich sah einen Wolf und spürte wie er auf Sprung stand und die Gefahr hing spürbar in der Luft. Er wollte mich angreifen. Ich richtete mich auf, zeigte ihm, dass ich keine Angst hatte, sprach mit ihm in seiner Sprache, doch das kümmerte ihn nicht. Er setzte zum Sprung an und ich rannte davon, also zurück zum Ort, an dem der Traum begann. Der Wolf verfolgte mich und ich schaffte es gerade noch mich in Sicherheit zu bringen, in dem ich eine Tür hinter mir mit meinem Körpergewicht schließen konnte.

Ich denke, diese Traumetappe entstand dadurch, dass mir ständig von „Mann" gesagt wurde, ICH, als Frau, MUSS MICH WEHREN! So wie mir der Traum zeigte, dass das mich wehren, manchen Männern so was von schnurzpiepegal ist.

Im Traum stand ich dann vor dieser großen Gruppe von Männern und ich erzählte ihnen, was gerade geschehen war. Ich erzählte den Männern, was gerade geschehen war und diese „verstanden" was ich sagte. Seltsamerweise aber hörte ich nur Laute aus meinem Mund kommen. Die Männer schauten traurig aus der Wäsche, wegen dem kleinen Mädchen, ganz alleine da draußen. Einer meinte dazu: „Wir haben da draußen Wildnis. So etwas kann ständig passieren."

Entsetzt wachte ich auf. Sofort erzählte ich meinem Mann alles und der Traum ließ mir den ganzen Tag keine Ruhe. Ich war geschockt, dass ich vor diesem angreifenden Traumwolf davonrannte, da ich das im realen Leben nicht mehr tue. Ich weiß sehr wohl Grenzen zu setzen und finde mich nicht mehr in der Ohnmacht wieder, welche mich Jahrzehnte begleitet hatte. So wie ich auch, wenn es nötig ist, in der Sprache des Mannes sprechen kann. Ja, ich finde nun klare, kraftvolle Worte. Warum rannte ich also weg vor diesem Wolf? Plötzlich kam eine weitere Erkenntnis. „Ich konnte nur Laute ausstoßen im Traum." DAS war ein Zeichen meiner Ohnmacht bezüglich dessen, dass ich schon so viele Jahre mit „Mann" über das Thema Missbrauch sprach und es fast keiner wirklich fühlend an sich heranließ. Im Traum wurde mir meine Ohnmacht gezeigt, darüber, dass ich nicht verstanden - also nicht wirklich!!!! gehört werde. MEIN erster Gedanke war, ICH drücke mich nicht klar aus. Aber das tue ich sehr wohl. Diese Männer im Traum hörten, was ich sagte, aber sie fühlten nicht, um was es geht. Weil sie es nicht an sich heranließen.

Während ich dies alles für den „Reiseführer" aufschreibe, kommt mir ein Gedanke oder anders, eine Frage an dich Mann, der du mich gerade liest: „Verstehst du schon oder liest du nur?" Weißt du, was ich mit dieser Frage meine? Fühlst du, um was es mir und uns, in diesem Buch geht oder hast du dich von diesem Gefühl noch immer abgeschnitten?"

Weiter in der Deutung des Traumes und in der Geschichte von einst: Als Nächstes wurde mir bewusst, dass keiner der Männer im Traum Anstalten machte, mit mir das kleine Mädchen zu suchen, zu retten oder sich um den Wolf zu kümmern, der mich ja verfolgt hatte. Nein, sie zeigten ihre Trauer über das, was geschah und es wurde abgetan mit den Worten: „Da draußen ist Wildnis, das kann jederzeit passieren." KEINER kam auf die Idee, dass sie sooo viele Männer waren und etwas tun könnten!! Dabei … wenn sich die Männer „aufrichten" würden, da bräuchte es nicht mal

„Kampf" ... denn diese Sorte von „Wolf", würde dann ganz schnell den Schwanz einziehen und abhauen.

Als ich das beim Deuten des Traumes erkannte, spürte ich so eine Wut. Ich wollte den Traum „weiterspinnen", meint, ich wollte das Ende verändern. Wach wie ich nun war. Ich wollte das Problem selbst in die Hand nehmen. So ging ich gedanklich in die Traumszene zurück, drehte mich um, wollte zur Tür laufen, hinter welcher der Wolf stand ... doch ich sah ein großes STOP-Schild. Hier kam dann so ein klares NEIN in mir hoch. SO WOLLTE ICH DAS NICHT MEHR!! Ich hatte dem Wolf Grenzen gesetzt ... und ich habe verdammt noch mal keinen Bock mehr, das ständig und immer wieder tun zu müssen. Ich hatte so die Schnauze voll!! Ich drehte mich um zu den Traummännern und teilte ihnen genau DAS mit.

Wieder zurück in der realen Welt, erinnerte ich mich an ein Video von Moritz Neumeier/Komiker, da er über #metoo sprach. Quelle: you tube - #metoo - AEKMMN
Zitat: „ (...) Ich habe eine Tochter und natürlich möchte ich nicht, dass meine Tochter irgendwann sexuell belästigt wird. Aber das wird passieren. Meine Tochter wird sexuell belästigt werden und deine Tochter auch. Und zwar genauso wie deine Mutter, deine Schwester, deine Cousine und jede Frau, die du kennst, irgendwann sexuell belästigt wurde. Das ist nicht richtig. (...) Dafür muss man Verhalten ändern, und zwar nicht Frauen. (...) Männer müssen ihr Verhalten ändern. (...) Jeder einzelne Mann muss daran arbeiten."
Hier erinnerte ich mich auch an das Posting, welches den Traum ausgelöst hatte. Auszug: „Denn die Sorge um die Männer war bislang einer der sonderbarsten Züge dieser Auseinandersetzung. Diese eigenartige Sorge, dass die

Rechtschaffenen im gleichen Topf gekocht werden könnten wie die Täter und Schurken. Und darum die Neigung, das Feuer unter diesem Topf klein zuhalten."

Diese Worte lösten so viel in mir aus. Sätze von Frauen, die stets wieder sagten: „So ist es halt. Jeden Tag, überall." „Wie willst du das ändern?", „Männer wollen das nicht fühlen und nicht an sich ran lassen."

Als ich meinen Text hier, Frauen zu lesen gab, weil mir eine Rückmeldung wichtig war, kam: „Männer reden meist nicht gerne über unangenehme Dinge. Ich weiß nicht, ob ich wütend sein oder einfach drüber lachen soll. Daher bleib ich neutral." Oder: „Ja, das haben die Männer übernommen. So wurden sie groß gezogen. Alles wird relativiert. Es ist ihnen vertraut, sich von den Gefühlen abzuschneiden, selbst wenn sie Trost bräuchten. Manchmal bin ich so wütend auf Mann, aber dann sehe ich den Schmerz und glaube zu verstehen."

Hier gingen meine letzten Zweifel, diesen Text zu veröffentlichen. Wir Frauen haben unsere Geschichte und die Männer ihre. Aber für mich gilt es definitiv nicht mehr zu sagen: „So war es, so ist es und so wird es bleiben." Mein Verständnis für die Geschichten der Männer geht nicht verloren, nur weil ich mir Veränderung wünsche.

In diesem Augenblick holten mich auch Erlebnisse ein, die so ewig lange her sind, dass ich sie längst vergessen hatte. Erlebnisse innerhalb Beziehungen, die nicht hätten sein müssen. Ja, mit Partnern, die Grenzen überschritten, weil sie besoffen waren oder wütend … oder einfach triebgesteuert, nicht fühlend. Da wurde ich so wütend, zuerst auf mich, dass ich es zugelassen hatte. Aber es gab ja Gründe dafür, dass ich nicht handeln konnte. Der erlebte sexuelle Missbrauch UND LEIDER das denken: „Normal ist er doch nicht so. Er ist doch so ein Lieber. Das war doch nur eine einmalige Sache. Etc." Ich bekam hier wahrlich das große Kotzen. Da war es wieder - dieses NUR im Verständnis sein zu „Mann", statt an erster Stelle für einen selbst.

Ich kann sie nicht mehr hören, diese Sätze von Mann: „Kann doch mal passieren." oder „Das hast du fehlinterpretiert." NEIN - DAS kann nicht mal passieren und NEIN - ich habe nicht fehlinterpretiert!!! Und verdammt und zugenäht, ich wünsche mir, dass Mann DAS, was ich sage, ernst nimmt und nicht davor abhaut.

Oh mein Traum verwunderte mich wahrlich nicht. Wie sagte der eine Mann im Traum: „Wir haben da draußen eine Wildnis und das kann immer wieder geschehen." Ich nehme die Wildnis als Symbol für triebgesteuerte, nicht fühlende Männer. Ich nehme diesen Traumwolf als Symbol für einen nicht fühlenden Mann. Das ist ein nicht geheilter Wolf und kein Wolfsmann! Das ist ein Wolf, der seine Aggression nach Außen lebt, statt seinen eigenen inneren Kampf auszufechten und er ist KEIN Alphatier. Ich wünsche mir WOLFSMÄNNER!!

Hier spann ich meinen Traum NEU weiter. Ich stellte mich vor diese große Gruppe von Traummännern und teilte ihnen das mit, was ich in der Gegenwart schon im Kapitel #metoo tat. In der Geschichte einst sagte ich noch: „Mann, sei dir bewusst, dass DU die Welt da draußen mit erschaffst. Du erschaffst sie auch mit, in deinem NICHT fühlen wollen/können und NICHT handeln!! Nur wenn du „Mann" hier etwas veränderst, muss „Frau" nicht ständig in Habachtstellung sein und nicht ständig bereit sein, Grenzen zu setzen."

Ich war sehr dankbar, dass ich diese Angst Grenzen zu setzen nicht mehr habe, aber so viele Frauen tragen sie noch in sich.

Vielleicht sollte sich „Mann", der dies alles nicht an sich heranlässt mal fragen, warum dem so ist. Würde er vielleicht die gleiche Ohnmacht fühlen, wie Frau sie in solch einer Situation spürt und empfindet das als Schwäche, die er doch nicht haben möchte? Könnte „Mann" vielleicht auch nicht damit umgehen, wenn er wirklich fühlen würde, was Frau erleben muss/te?

Hierzu schrieb mir eine Freundin: „Männer kämpfen immer gegen andere Männer, auch wenn es um Frauen geht. Nämlich im Krieg, wenn es um Positionen, richtig oder falsch geht. Was ist, wenn es plötzlich keinen Feind mehr im Außen gibt? Wenn ich nach Innen schauen müsste und es nichts zu kämpfen gibt, nur zu erkennen und anzunehmen? Nämlich das fühlende Weibliche in Mann selbst????"

Nun, ich selbst habe einen Vorsatz für meine Zukunft und den werde ich sicher halten, weil ich mir selbst treu sein werde. Ich werde weiterhin über dieses Thema sprechen und schreiben, denn Schweigen ist für mich keine Option mehr. Selbst wenn ich mich stets aufs Neue wiederhole!

Es tut mir einfach im Herzen weh, wenn sich verletzte Menschen, immer wieder und weiter gegenseitig verletzen, statt sich gegenseitig zu unterstützen. Jeder Mensch hat seine ureigene Geschichte und trägt sein Päckchen. Wenn das doch nur in unserem Herzen landen würde. Mögen wir die Balance finden im Miteinander ... von Liebe, Mitgefühl und Verständnis getragen - für sich selbst und andere ... was auch bedeutet, Grenzen zu setzen und zu respektieren.

Auf eine kommende Zeit, in welcher weiter Heilung geschehen darf … IM MITEINANDER! Ich glaube an uns Menschen. Das war schon immer so und wird auch immer so bleiben. Das konnte mir bisher nicht genommen werden und wird mir auch nie genommen werden können. In mir ist so viel Liebe und ein tiefes Vertrauen, welches mich dahin führt, die Hoffnung nie zu verlieren. ENDE.

Und ich tue es wieder. Ich schreibe darüber, hier in diesem Reiseführer UND ich wiederhole mich auch in diesem Buch sehr oft. Aber es ist Zeit, dass wir die Augen öffnen. Es ist Zeit, die Panzer ums Herz zu entfernen. Weil das „Fühlen", die Basis ist für ein harmonisches, erfülltes Miteinander. Ja, einst ahnte ich nicht, was dieser Albtraum in Verbindung mit #metoo ins Rollen bringen würde und heute, da ich den Reiseführer schreibe, fühlt es sich wie ein Befreiungsschlag an. Mit jedem Wort hier … von Kapitel zu Kapitel, werde ich klarer, weil die Angst wegfliegt. Ich schreibe an einem Buch, das es zu kaufen geben wird und nicht jeder wird verstehen. Aber das ist mir egal geworden. Mit dem Schreiben. Was mir hierbei noch sehr half, war ein Abend, da ich die Sendung „Sing meinen Song" hörte. Es war der Auftritt von Judith Holofernes. Sie erzählte: „Als ich mit der Musik begann, und Menschen mich kannten, hat man mir gesagt, ich muss mich und mein Herz schützen. Aber ich kann keinen Panzer als Schutz um mein Herz legen. Es geht nicht. Das ist nicht meins. Ich nehme die Dinge ins Herz und was nicht wohltut, geht hinten wieder raus." Ich fühlte, was sie sagte, denn so bin ich auch. Wenn es mit dem hinten raus lassen, auch noch nicht so ganz 100 % klappt. Dann sang sie ein Lied und die Worte landeten in meinem Herzen: "Schieß los - Feuer frei. Schieß los - dein Ziel ist riesengroß.

Da ist kein Panzer um mein Herz. Das Herz gleich unter der Haut ... hab keine Angst und bleib laut ... da ist kein Panzer um mein Herz."

JA! Ein Herz ohne Panzer ist riesengroß und somit ein gutes Ziel. Hier gilt es einfach, Dinge nicht persönlich zu nehmen und zu dem zu stehen, was man fühlt, denkt und sagt. Punkt!

Wie üblich, folgt hier noch das Feedback von Frauen. Eine hielt sich kurz: „Sabine. Es gefällt mir sehr gut, was du und wie du das geschrieben hast. Es ist sehr stimmig für mich. Daumen hoch."

Eine Weitere schrieb Folgendes:
„Ich bin von diesem Kapitel gerade sehr berührt. Es macht sich aber auch Trauer und Wut breit. Diese Geschichte, die du schriebst, mit dem besoffenen Mann. Hier spüre ich diese Angst, welche ich stets bekomme, wenn ich einem besoffenen Mann begegne. Ich rieche den Gestank des Alkohols, fühle jene Kraft, der ich nichts entgegenzusetzen habe. Merke wie meine Kehle sich verschließt, bis nur noch Würgelaute aus mir herauskommen.

Dieses einfache Übergehen, dessen was Frau fühlt. Mann, der zielgerichtet „sein Ding durchzieht" und mit „seinem Ding" Schmerzen zufügt!!

Wie passend der Satz: „Verstehst du schon oder liest du noch?" Ich mag ihn ergänzen: „Fühlst du schon oder liest du noch?" WEIL: Mann soll mit dem Kopf verstehen, das, was hier zu lesen ist UND mit dem Herzen fühlen Sabine.

Zu viele Männer haben sich so sehr von ihren Gefühlen abgeschnitten. Sie spielen zu oft den „coolen Macker", dass Frau gar nicht glauben kann, dass Mann wirklich fühlt. Ja, manchmal merkt sie es. Wenn ihr Schmerz zu groß geworden ist und sie ihn dort trifft, wo es wehtut. Dann kann auch Mann fühlen, weil es ja dann SEIN Schmerz ist und nicht ihrer. Aber er fühlt nicht weiter - nein, er bleibt bei sich hängen und Frau ist dann die Schuldige. Sie ist die, die alles falsch macht. Frau muss immer Verständnis für den Elefanten im Porzellanladen aufbringen. Frau ist immer Muttchen und Mütter sind ihren Jungs ja nieeee böse.

Wie sagte der eine Mann in deinem Traum: „Da draußen ist eben Wildnis. DAS kann jederzeit passieren."

Wenn die Welt da draußen so wild ist, dann klingt es für Frau so, dass SIE in Köpfen der Männer nichts zu suchen haben - was dem alten Bild einer Familie entsprechen könnte. Frau hat da draußen in der Wildnis nichts zu suchen. Wo mir glatt kommt - Frau hat sich dementsprechend anzuziehen, wenn sie in diese Wildnis geht. Sie hat sich dementsprechend zu benehmen, wenn sie in diese Wildnis geht. Frau hat Heimchen am Herd zu sein und Mann bringt das Geld nach Hause oder in die Kneipe. Frau unterwirft sich Mann und der Mann ist der große Held. Aber Jungs, ich sage euch, Helden werden heute nicht mehr an den Theken der Welt geboren. Helden sind jene, die es wagen, alte Strukturen aufzubrechen und zu ihren Gefühlen stehen. Helden sind jene, welche Frau achten und zu ihr stehen und sie nicht klein halten müssen, nur um besser dazustehen."

Wieder einmal war ich dankbar, Frauen an meiner Seite zu haben, während ich diesen Reiseführer schrieb.

Als wir ein Foto für dieses Kapitel suchten, erinnerte ich mich an die Künstler Axel Flitsch und Peter Kalb. Beide brachten ihre Kunst in der 2. Kundgebung gegen sexuellen

Missbrauch in Hagen mit ein. So bekam ich von beiden die Erlaubnis, das von uns gefundene und gewählte Gemälde, hier einfügen zu dürfen. Ich freute mich extrem, da das Projekt von Peter Kalb „Wenn richten, dann aufrichten" heißt. Noch mehr freute ich mich, als ich den Titel des Bildes las: „Inner touch." Beides trifft auf dieses Buch, diesen Reiseführer zu. Wenn wir Frauen uns hier mitteilen, richten wir „Mann" nicht. Wir wünschen uns einfach nur von Herzen, dass wir „Mann" in seinem Inneren berühren können, in dem wir unser Inneres PRÄSENTIEREN. Manchmal bedarf das eben klare Worte und sichtbaren Schmerz.

(„Wenn richten, dann aufrichten" - Inner Touch." - Peter Kalb & Axel Flitsch)

Kurzfassung von Hans-Jürgen:

„Männer richtet Euch auf", heißt das Kapitel. Wenn eine Frau „Nein" sagt, heißt das „NEIN". Wenn „Mann" ein Nein hört, hat er sich danach zu richten. Egal, um welche Situation es geht. Nein, heißt Nein. Unter Fremden, wie unter Liebenden. Stellt Euch doch nur mal vor, wie es sich anfühlt, wenn man Euer Nein nicht hören würde.

Wenn Du solch eine Situation real mitbekommst, weise die Person in seine Schranken, anstatt es nur zu beobachten. Teile demjenigen Klipp & klar mit, was er hier treibt, dass er damit aufhören und verschwinden soll.

Der schwarze Wolf

Da ich es im Vorkapitel von Wolfsmännern hatte, möchte ich hier noch einmal darauf eingehen, aber ganz anders als bisher. Ich mag ein Märchen oder eine Fabel hier einfügen. Hat ja auch irgendwas von „Abenteuerland". Die folgende Wolfsgeschichte, ist aus meinem Roman „Bronzene Leopardenfrau - Macht der Weiblichkeit" und Máire erzählt sie ihrer Freundin Tinka. Sie beschreibt hier auf wundervolle Weise, wie es sein kann, zwischen Mann & Frau, wenn sie den inneren Wolf kraftvoll leben:

„Tinka, ich war also auf einer schamanischen Reise. Zuerst betrat ich eine Höhle und in der Dunkelheit dort, sah ich eine Frau mit leuchtenden grünen Augen. Sie verwandelte sich in eine Wolfsfrau und wurde dann zu einer Wölfin. Ich sollte ihr folgen, was ich tat. So landeten wir in einem Teil der Höhle, welche vom Sonnenlicht erhellt wurde. Da ich wissen wollte, wo das Licht herkam, schaute ich nach oben und sah dort eine Öffnung. Diese war mit einem Dreieck ummalt und sah aus wie ein einzelnes Auge. Die Wölfin machte mich auf etwas aufmerksam, das auf dem Boden lag. Doch ich hatte keine Zeit mich darum zu kümmern, da plötzlich ein Schlüssel, aus dem Nichts kommend, in mein Herz gesteckt wurde. Mir war bewusst, es ging um weitere Heilschritte im Thema Weiblichkeit.

Sofort floss mir Info zu. Ich erinnerte mich an das Buch „Die Wolfsfrau". Ja, wir Frauen sollten SIE in uns leben. Mann darf erkennen, wie oft Frau für IHN trägt. Ja, es ist Zeit für Frau, aufzuhören, für Mann zu „tragen", was auch immer „Frau" denkt, für ihn tragen zu müssen, und zwar auf jeder Ebene. Zu oft bemerkt „Frau" gar nicht, dass sie das tut, wie ich es auch nicht bemerkt hatte. Es wird Zeit dass „Frau" sich immer mehr zeigt, und zwar in jedem Moment, mit jedem Gefühl, welches da ist. "Mann" darf erkennen, dass er Frau tragen & halten kann, wenn sie sich ihm zumutet." Er darf das erfahren!! und DAMIT darf „Frau" erfahren, sie muss sich gar nicht mehr zumuten. Weil es für ihn selbstverständlich geworden ist, sie zu halten. Ja, sie darf lernen, ihm zuzutrauen, dass diese Kraft, mit ihr sein zu können, egal wie sie ist, in ihm steckt. Vielleicht zeigt es sich erst als ein kleines Flämmchen, welches aber zu einem kraftvollen Feuer werden kann, mit jedem Ereignis da er erfährt, er kann es!!

Es wird Zeit für Frau, klare Grenzen zu setzen, wenn er ihre Grenzen überschreitet und sie verletzt. Solange er es nicht von alleine fühlt, ist es eben nötig, dass Frau sich ihm zeigt. Es wäre schön der Weg könnte anders sein ... aber ... wie soll er sonst erfahren, was er mit seinem Verhalten verursacht? Es wird Zeit, dass die Wolfsfrau sich ganz lebt, damit der Wolfsmann SIE ganz erfährt. Es wird Zeit, dass „Frau" sich in liebevoller Klarheit ausdrückt. Je nach Bedarf mehr liebevoll oder mehr klar, bis sehr klar. Sie hat Verständnis für „Mann" weil sie weiß, er hat seine ureigene Geschichte und sie weiß auch, dass Frauen und Männer sich gemeinsam dahin gebracht haben, wo sie heute stehen. Doch bei all dem Verständnis, hat sie auch Verständnis für sich selbst und sorgt nun an erster Stelle für sich. Sie versucht bei sich zu bleiben und wenn sie das nicht schafft, verurteilt sie sich nicht dafür. Sie weiß, dass wir alle schlichtweg nur menschelnde Menschen sind ... oder anders ... dass wir hier sind, um menschliche Erfahrungen zu sammeln. Sie schaut bei sich selbst hin, statt die Schuld beim Gegenüber zu suchen, damit sie verändern kann, was Zeit wird, verändert zu werden. Denn dann kann es sich im Außen spiegeln. Sie darf nun die Kriegerin in sich leben und „Mann" darf lernen wahrzunehmen und zu fühlen.

Alles war aus den Fugen geraten und nun geht es darum, dass jeder wieder seinen „Ursprungsplatz" findet. Das Frau & Mann sich in Augenhöhe gegenüberstehen, sich ergänzen, das Potenzial des anderen anerkennen und sie gemeinsam wachsen. Ja, dass sie sich die Hand reichen, was für mich auch bedeutet, dass es anzuerkennen gilt, dass niemand „schuldig", sondern jeder einfach nur auf seinem „Heilweg" ist. Es geht auch darum, dass keiner vom anderen weiß, welchen Weg er sich ausgesucht hat zu gehen. Daher sollten wir versuchen uns gegenseitig aufzurichten, statt zu richten, und uns eben unterstützen. So wie es gilt anzuerkennen, dass jeder immer wieder Zeit für sich selbst braucht, für seine ureigenen Prozesse die anstehen und die man letztendlich mit sich selbst austragen muss. Nun geht es also auch darum, „Mann" zuzutrauen, dass er die Kraft in sich trägt, eigenverantwortlich seinen Weg zu gehen, mit allem, was dazugehört. Das meint, dass Frau ihm zutraut, dass er den Mut hat, seine eigenen Themen anzuschauen und im Innen zu verändern.

Plötzlich war ich außerhalb der Höhle. Ich stand sozusagen oben an jenem Höhlenloch. Hier fühlte ich sofort männliche Energie. Ja, ich durfte in „Mann" hineinfühlen und noch viel mehr. Es ging nicht um einen einzelnen Mann, es ging ums Kollektiv. Um die fehl gelebte Liebe zwischen Mann & Frau. Hier war ich plötzlich ein männlicher schwarzer Wolf und was ich dann fühlte, das ging tief. Dieser Wolf, welcher für männliche Energie stand, erkannte plötzlich, wie viel die Wölfin, die Frau, für ihn „getragen" hat. Er spürte, dass er sie im Stich gelassen hatte und sie dadurch verletzte. Das brachte mich so zum Weinen. Er erkannte und fühlte, dass sie seinen Schmerz mitgetragen hatte und war nun bereit Verantwortung für sich selbst zu übernehmen. Er war bereit, für sie da zu sein, und wollte ihr zeigen, dass er sie nicht mehr verletzen oder benutzen wollte. Hier begann ich zu frieren. Ja, er fror, als er all das IM HERZEN erkannte. Ihm wurde bewusst, dass es seine Aufgabe war, sie wahrzunehmen, zu fühlen, sie zu achten und für sie da zu sein. Ich, als Frau, fühlte so eine Dankbarkeit, dass „Mann" endlich fühlend verstand und ihren Schmerz spürte, darüber, wie es bisher war. Er fühlte auch körperlich ihren Schmerz im Unterleib, welcher tief saß und uralt war. Nun wollte er achtsamer mit ihr umgehen. Jetzt wollte er sie halten und sie schützen, wenn sie es brauchen würde. DAS empfand ich als sehr wichtig, denn keine Frau, kein Mensch, kann immer NUR stark sein. Frau hat Mann so oft in Liebe gehalten, Mann darf das nun auch „fühlend" tun.

Hier war ich plötzlich wieder bei der Wölfin in der Höhle und wurde zur Beobachterin. Ich sah den schwarzen Wolf durch das Loch in die Höhle springen. Obwohl ich zuvor alles spüren durfte, was in ihm stattgefunden hatte, war sein Anblick respekteinflößend und ich dachte nur: „Wehe seinen Feinden." Die Wölfin aber freute sich, ihn zu sehen und sie wirkte plötzlich unglaublich sanft. Während die beiden sich gegenüber standen und sich still begrüßten, beobachtete ich sie mit einem Lächeln. Erstaunt bemerkte ich, dass da plötzlich eine weiße Wölfin vor mir stand, mit einem Zeichen auf der Stirn, welches in der Mitte einen wunderschönen Kristall hatte. Sanft und kraftvoll zugleich wirkte die Wölfin. Der mächtige, respekteinflößende schwarze Wolf, strahlte plötzlich auch Sanftheit aus. Das

Gefühl, das sich in mir zeigte, war wunderbar. Es war ein gegenseitiges Anerkennen dessen, was der andere wirklich ist. Es war ein sich ergänzen und hach, ich finde nicht wirklich die passenden Worte dafür.

Tinka, das war für mich so eine unglaubliche Reise. Das war´s für heute. Liebe Umarmung an dich. Maria."

Liebe Maria,
oh ich habe deine Reise miterlebt, sah den schwarzen Wolf und die weiße Wölfin. Danke dir dafür! Wie Mann & Frau miteinander sein können - das klingt so schön, so friedlich, so voll Liebe, Respekt und Achtung. Das wäre wirklich schöööön!!!
Die weiße Wölfin und wie du sie beschreibst … hm, du bist Eine, das spüre ich, das weiß ich. Bei mir war sie schon mal da, so ab und an und ich werde mich jetzt mal intensiver mit ihr auseinandersetzen. Danke dir auch dafür.
Also ich kann nur sagen: „Maria ich finde das alles spannend, nachdenkenswürdig und echt inspirierend."
Bis bald Tinka - ENDE

Vielleicht und ich hoffe es wirklich, wird der eine oder andere Mann, wenn er diesen Reiseführer liest, das fühlen, was dieser schwarze Wolf hier auf der Reise fühlte. Das ist mein Wunsch! Denn erst dann, wenn MANN den Schmerz der Frau an sich herankommen lässt … ihn wirklich mitfühlt … kann sich meiner Wahrnehmung nach etwas ändern. Dieses Thema, wird sehr intensiv in meinem Roman „Bronzene Leopardenfrau - Macht der Weiblichkeit" bearbeitet.

Eine Mitleserin schrieb zu diesem Kapitel:

„Der Wolf und die Wölfin - der Wolf wählt ein Weibchen zur Alpha. Das ist eine sehr schöne symbolische Geschichte Sabine. UND … das sagt doch eigentlich alles aus oder? Steht nicht schon in der Bibel, du sollst deine Frau achten und ehren? Wann hat Mann das eigentlich vergessen? Und kommt mir jetzt nicht damit, dass die Leute sich immer mehr von Religionen abwenden. Das mag vielleicht stimmen, aber sie wenden sich nicht von der Spiritualität ab und wenn Mann von Tantra und Kamasutra hört, dann ist auch er wieder Feuer und Flamme. Meist aber nicht auf die Weise, wie es gemeint ist. „Leider", sag ich da nur, denn Liebe und eine Beziehung mit einer Frau, ist so viel mehr als SEX. Womit wir wieder beim „Liebe machen" landen. Wie will Mann eigentlich ein wirklich erfülltes Liebesleben erfahren, wenn er Frau meist nur „benutzt"? Mir kommen da gerade noch andere Vergleiche Sabine.

Bier. Da gibt es zwei Varianten. Man kann ein Glas, mit einem guten Pils füllen, so dass eine wundervolle Schaumkrone entsteht. Man sagt, ein gutes Pils dauert sieben Minuten oder man trinkt ein Bier, was gar nicht erst eine tolle Krone entstehen lässt, aber Hauptsache es knallt. Es ist die Wahl des Mannes, ob er genießen kann und will, oder sich mit weniger zufrieden gibt.

So ist es auch beim Whisky. Die einen mischen eine öde amerikanische Plörre mit Cola und finden's geil. Die haben niemals das Gefühl für die wundervollen Unterschiede und Qualitäten eines wahren schottischen Whiskys entwickelt, weil es nur ums „ballern" ging. Eine Frau ist wie guter schottischer Whisky. Sie muss auch so behandelt werden. Mischst du ihn mit Cola, dann gehen dir wertvolle

Informationen verloren. Es gibt Whiskys, die schmecken wie bittere Medizin, aber wenn man ihnen Zeit gibt und sich auf sie einlässt, beginnt man diesen torfigen, medizinischen Geschmack zu lieben. Manche Männer sind nicht stark genug für diese Art Frau. Sie brauchen einen milden Whisky, der sanft nach Sherry und Vanille duftet, er darf auch eine Honignote haben und zart die Kehle herunterrinnen. Aber auch dieser Whisky braucht Zeit, damit sich das Aroma entfalten kann. Kein Whiskykenner würde mit dem Whisky so umgehen, wie Männer mit einer Frau. Sie sollten Frauen doch auch mal so behandeln, wie ihre Biere, Whiskys und Autos. Ja - Autos oder Motorräder. Diese werden liebevoll poliert, getunt und gepflegt. Wehe da kommt etwas dran, dann wird der Mann zum Wolf - wo lebt „Mann" bei Frau seinen Wolf? Wo sieht er seine Alpha auf Augenhöhe, pflegt sie wie ein Auto und genießt sie wie einen guten Whisky? Sorry Sabine, bei dem Kapitel sind mir dann doch die Pferde durchgegangen. Meine Gedanken gingen einfach spazieren."

Lächelnd hatte ich begonnen diese Frau zu lesen und mein Lächeln wurde immer breiter. Dankbarkeit machte sich breit. Dankbarkeit das so unterschiedliche Frauen sich hier mit mir zu Wort melden.

Ich glaube daran, ja ich glaube wirklich daran, dass der Wandel vor der Tür steht.
Ich glaube daran, dass Veränderung möglich ist.
Ich glaube an ein heilsameres Miteinander.
Ich werde diesen Glauben pflegen, damit ich ihn nicht verliere.
Ich werde meinen Teil dazu beitragen, auf meine Weise.

Mir war es schon immer wichtig, in meinem männlichen Gegenüber, welches den Weg in mein Herz fand, das Potenzial zu sehen, welches noch nicht gelebt wurde oder nur im Ansatz sichtbar war. Das tat ich, weil ich es gleichermaßen mit mir selbst so tat.

Kurzfassung von Hans-Jürgen:

Auch wenn dieses Kapitel von einem schwarzen Wolf und einer weißen Wölfin handelt, geht es hier nicht um reines Schwarz-weiß-Denken, sondern um die vielen Nuancen dazwischen. Die Stärke eines Mannes liegt nicht nur in seiner Kraft, sondern auch im Verstehen seiner eigenen Gefühle & Emotionen und in seiner Empathie.

Nur wer sich auf das Fühlen seines eigenen Schmerzes einlässt, ist auch in der Lage, den Schmerz des anderen zu sehen, zu fühlen und zu verstehen.

Das funktioniert NICHT, wenn MAN/N wie der „Alte König" patriarchalisch auf seinem Thron sitzen bleibt.

Flirten

Die #metoo Aktion brachte aber auch andere Themen zum Vorschein. Männer fragten mich, wie sie denn nun flirten könnten, wo doch das Thema so geputscht würde. Sie erklärten mir, dass sie verunsichert sind, weil sie nicht mehr wissen, wie sie sich Frauen gegenüber verhalten sollen, wenn man sich gerade kennenlernt. Das man/n doch nicht weiß, wie empfindsam „Frau" ist und wo ihre Grenzen sind. Jede Frau sei doch auch unterschiedlich.

Ich hatte letztendlich nur eine Antwort für sie: „Fühle die Frau." Oft kamen erst einmal erstaunte und fragende Blicke und so erweiterte ich meine Antwort: „Wenn du einer Frau begegnest, die dir gefällt, fahre deine Antennen aus. Fühle! Nehme sie wahr! Ganz bewusst! Öffne alle Sinne! Beobachte sie, wie sie auf dein Handeln oder deine Worte reagiert. Achte auf ihre Mimik, ihre Körpersprache. Spiele das Spiel, in dem du aufmerksam und achtsam bist, aber vergiss dabei nicht, es ist ein „Spiel". Dann wirst du, falls du NICHT auf eine Frau triffst, die klare Signale sendet und deren Verhalten offensichtlich ist, sehr schnell erkennen, wo Grenzen sind und wo sie erweitert werden möchten. Setz dich dabei aber nicht unter Druck. Denke nicht darüber nach, WIE du nun WAS tun sollst. Denn dann kannst du nicht fühlen. Sei nicht in Habachtstellung, das bringt dich nicht weiter. Erlaube dir auch Fehler zu machen und wenn du erkennst, dass es einer war, kommuniziere darüber. Sprich über deine Unsicherheit. Entschuldige dich dafür, dass du nicht gemerkt hast, das etwas nicht gewollt war. Bleib dabei innerlich aufgerichtet und selbstbewusst. Lass dich nicht von der Sorge oder der Angst etwas falsch zu machen kontrollieren. Es ist ein Übungsfeld und Übung macht den Meister. Natürlich darf man auch weiter Komplimente machen, denn in der Basis hört Frau diese gerne. Man/n könnte hier einfach mehr drauf achten, WIE man sich ausdrückt *grins*, denn es gibt männliche Ausdrücke oder Standartsätze, welche schlichtweg keine Komplimente sind. Wenn die Chemie stimmt, dann wird das Spiel auch schön gespielt werden können. Stets „wahrnehmend" sein, ist das A und O. Auch das ist reine Übungssache und irgendwann so verinnerlicht, das es einfach zu einem gehört und nicht mehr wegzudenken ist. Sei dir bewusst, DAS hört nicht auf, wenn die Nähe intensiver wird. Meint, falls ihr im Bett landet. Denn die Zusage einer Frau, mit dir in private Räume zu gehen, ist nicht gleich die Zusage, dass sie wirklich mit dir schlafen wird. Klar ist das ihr Wunsch, in dem Moment, da sie sich dafür entscheidet, ABER, sie hat im „Augenblick" entschieden, das sie WILL. Ist es dann aber soweit, ist es ein NEUER Augenblick. Natürlich ist es gut möglich, dass sie EINDEUTIG ist, wenn ihr dann ein Plätzchen für euch gefunden habt, aber es kann eben auch anders sein. Denn hier gibt es neue hinzugekommene Faktoren, welche eben auch Unsicherheit oder eine neue Entscheidung mit sich bringen kann - bei der einen oder anderen Frau. Ihr kennt euch schließlich noch nicht. Hier besteht also auch die Möglichkeit, dass das Beschnuppern erst mal weitergeht. Daher, wenn du im Wahrnehmen bleibst, wirst du sehr schnell erkennen, welche Frau gerade mit dir ist. Also bleib im Fühlen und lass dich nicht von deiner Triebhaftigkeit und Lust davon reißen. Das Spiel endet nicht mit dem Flirten, es geht weiter ... und „fühlen" ist die Basis, dass das Spiel dann auch zu einem Spiel der Liebe werden kann." Diese Worte sind bei jenen Männern angekommen, mit denen ich sprach, aber ich denke, es ist für Einige noch Neuland, es so zu handhaben. Wobei ich vermute, dass mich hier nicht jeder Mann verstehen wird. Lächelnd denke ich hier wieder an mein Kapitel: „Abenteuerland Frau".

So mag ich hier schreiben: Mann, lass dich ein, auf dieses „Spiel der Liebe.", solltest du es noch nicht kennen. Gehe auf Entdeckungsreise und erforsche eine neue Weise des Miteinander. Denn je mehr du Frau fühlend beschenken wirst, desto mehr kann und wird sie dich beschenken. Ihr könnt auf diese Weise wahre Hingabe erfahren. Wahre Öffnung im WIR und ein Spektrum der Sexualität, das sicher auch neu sein wird. Ein wirkliche heiliger Augenblick kann es sein, wenn du es schaffst, sie zu halten, in einer Situation, da sie dich braucht, weil sie vielleicht zutiefst berührt ist, durch deine Weise mit ihr zu sein … oder weil du durch dein fühlendes sein, Erinnerungen an andere Männer und Situationen in ihr weckst, die weniger schön waren und welche in diesem Augenblick Heilung erfahren können - durch dich. Gerade beim „Liebe machen" und der darauf folgenden Entspannung kann sich in der Frau sehr viel lösen, was zu Tränen führen kann. Tränen der Freude, aber auch Tränen des Schmerzes, weil sich eben altes weniger Schönes zeigt. Kannst du damit umgehen, dann ist das wahrlich ein ganz heiliger Moment. „Mann" hält „Frau" … „Frau" lässt sich von „Mann" halten … in vollem Vertrauen. Du brauchst Frau aber nicht wie ein rohes Ei behandeln. Fang einfach nur an, so konstant als möglich zu fühlen - jenen Menschen, den du begehrst, in den du dich gerade verliebst, in den du dich verliebt hast, oder den du schon lange liebst. Das war also so meine „romantische" Vorstellung, wie es sein könnte, beim Flirten. Aber, grins, ich bekam wieder Mal Feedback von mitlesender Frau: „Sabine, „Mann" wird einfach nur erstaunt schauen, wenn er hier ständig liest, er möge einfach nur „fühlen". FÜHLEN?? Wie denn? Sie bekamen doch von ihren Vätern Sätze gesagt, wie: „Männer weinen nicht.", „Ein Indianerherz kennt keinen Schmerz.", „Du willst doch ein Seemann sein." Wie sollen Männern lernen, dass Indianerherzen sehr wohl Schmerz fühlen können und dass sogar Indianer weinen? Sie sind der Natur näher, als man meint. Ich las dein Kapitel und dachte immer wieder: „Zu seicht Sabine. Zu sanft. Ja, da steht alles, was Mann wissen sollte. Wissen muss!! Aber … er wird es nicht aufnehmen … nicht begreifen und er wird abdriften beim Lesen. Zu romantisch eben. Nicht greifbar. „Fühle die Frau!!" Ich würde es so ausdrücken: „„Mann" - FÜHLEN heißt ganz einfach, beobachte IHRE Reaktionen und interpretiere sie nicht so, wie du denkst und meinst, das es ist und für DICH passend wäre. Das meint, achte auf ihre Körpersprache und auf ihre Worte. Achte auf die Betonung, wenn sie spricht. Wenn das konform ist, dann passt es. Mache ihr Komplimente, aber verfalle nicht in Sülzereien. Frau weiß genau, wenn du sie nur für eine Nummer haben willst. Suche Gespräche, die eurem Intellekt entsprechen. Hör ihr zu. Viele Frauen lieben gute und tief gehende Unterhaltungen. Stell dich nicht besser dar, als du bist. Das Spiel durchschauen auch viele Frauen. Willst du ihr was vormachen, was nicht ist, wirst du am Ende der Idiot sein, der bedröppelt dasteht. Tu nicht so, als ob du das Selbstbewusstsein in Person bist. Es gibt keine Menschen, die frei von Unsicherheiten sind. Sei einfach du selbst. Zeig dich, wie du wirklich bist. Ehrlich und authentisch. Irgendwann kommt eh alles raus. Erst dann, wird Frau in der Lage sein, sich dir wirklich zu öffnen und sich dir hinzugeben.

Das Foto wählte ich, da unser „Kater" so neugierig die Lotus betrachtete. Symbol für Reinheit des Herzens, unbegrenztes Potenzial und Neuanfang. Na denn ihr Katers *grins*.

Kurzfassung von Hans-Jürgen:

Flirten ist soooo schöööööön!!

Hier im Kapitel, geht es nicht um eine Anleitung, wie man flirtet, sondern vielmehr darum, sein Gegenüber zu beobachten, zu lesen, sich auf ihn einzustellen und zu entdecken. Da diese Situationen so individuell sind, wie wir Menschen, wird es vielleicht Mal einen zweiten Reiseführer geben, in dem dann Tipps (keine Anleitungen) zu finden sind.

Also Männer & Frauen, sendet uns, wenn ihr wollt, eure Flirttipps!!

Vulva - Diva - Muschi - Katze

Vulva - Vulvina:

Gesamtüberschrift: Vulva - Diva - Muschi - Katze. Ich lächle noch immer vor mich hin, wie ein Wort so das andere ergeben kann. Somit wird sich dies nun in kommenden Kapiteln aufteilen und ich beginne mit der Vulva. Durch Gespräche mit Frauen, als ich mit dem Reiseführer anfing, erinnerte ich mich an ein Projekt, welches ich vor einigen Jahren schon umsetzen wollte. Leider hatte ich den Mut nicht dazu es zu tun und es fehlte mir auch an genug Menschen, welche sich daran beteiligten. Viele waren begeistert, wussten aber nicht, ob sie Worte finden würden oder sie hatten einfach keine Zeit. So freue ich mich, dass jene Geschichten, welche ich von ein paar Menschen einst zugesandt bekam, nun im Anschluss ihren Platz finden werden. Die Idee dazu damals, kam, als ich meinen Roman „Tinkas Lieb-Haber" schrieb, und zwar das Kapitel „Tinkas Date mit sich selbst": Tinka erfuhr in diesem Date mit sich selbst, ihre Vulva & Vagina auf total neue Weise. Ab diesem Date liebte sie ihre Vulva und sie wurde für sie ein „heiliger Ort" oder die „heilige Höhle". Sie und ihre Freundin Lilly stellten sich dann die Frage, was denn „Mann" in der Vulva & Vagina der Frau sieht. Sie als „heiligen Ort" zu betrachten, empfinde ich als Frau und als Betroffene extrem wichtig. Das ging mir persönlich ab jenem Tag so, da ich auf dem Weg zur „Kundgebung gegen sexuellen Missbrauch" nach Hagen war und Radio hörte. Es ging in einer Sendung um das Thema Missbrauch und es fiel das Wort „Täterort". Das erschütterte mich zutiefst und ganz spontan kam über meine Lippen: „Meine Vulva wird nie wieder Täterort sein. Meine

Vulva ist mir heilig." Der Weg dahin, dies dann auch so fühlen und leben zu können, der ging lange und war steinig. Als ich das so alles schrieb, bemerkte ich, dass ich den heiligen Schoß der Frau nur als „Vulva" bezeichnete, weil mir das Wort „Vagina" nicht zusagte. Vagina heißt Scheide, im Sinne von Behälter für eine Klinge. Aber genau DAS wollte ich nicht mehr sein, also wenn man sich das mal „bildlich" vorstellt und was es noch impliziert, da möchte ich gar nicht weiter drauf eingehen. Als ich dann dieses Buch Monate später überarbeitete, musste ich lächeln, da ich einen Tag VOR der Überarbeitung dieses Kapitels das Wort „Vulvina" las. Ich fand es in einem Posting einer FB Bekannten Namens Carola Mariella Renné, welche dann auch spontan bereit dazu war, sich mit einem Text über das Thema, an diesem Buch zu beteiligen. Da freute ich mich sehr. Ja, „Vulvina" - das zauberte ein Lächeln in mein Gesicht, ist es doch das Ganze, zusammengefügt zu einem, für mich, wunderschönen Begriff. So werde ich ab jetzt von der Vulvina schreiben und erlaube mir auch, den Begriff „Vulva" in den Fremdtexten zu ändern.

Für mich war also einst meine Vulvina im Unbewussten, viel zu lange ein Täterort und im Bewussten ein Sexualobjekt. Viel zu lange, kannte ich „sie" nicht wirklich, was auch dahin führte, dass ich nicht für mich sorgte und irgendwann erkannte, das ich wahre Nähe und Hingabe gar nicht leben konnte. Ich sexelte viel zu lange, statt Liebe zu machen. Diese Erkenntnis erschütterte mich damals erst einmal sehr. Vielleicht finden sich ja andere Frauen in meinen Worten wieder? Aber vor allem wünsche ich mir so sehr, dass Männer das auch begreifen. Aber da schreib ich am Ende noch etwas dazu.

Nun, ich tat dann unter anderem das, worüber ich im Abenteuerland schrieb. Ich ging auf Entdeckungsreise. Irgendwann kam der Tag, da ich „sie" neu fühlte und hier begannen wir tatsächlich, miteinander zu kommunizieren *grins*. So lernte ich von Tag zu Tag, mehr auf „sie" zu hören. Tja und was eine „Lady Vulvina" so gar nicht ab kann, ist nicht fühlenden Mann, der sie nur benutzen möchte. Nein, das mag sie ganz und gar nicht!! Ich gehe jetzt mal stark davon aus, dass dies allen oder den meisten Frauen so geht.

„Nicht fühlend" … wo mir Gespräche mit Mann einfallen, die mir mitteilten, dass auch Frauen manchmal schlichtweg gefühllos mit ihrem besten Freund umgehen würden. Das diese Frauen einfach mechanisch Grifffolgen vollziehen und nicht bemerken, dass es dem Mann nicht guttut. Kennst du das auch - Mann? Wenn ja, weißt du ja, um was es mir geht im umgekehrten Fall. Wo ich erneut einfließen lassen möchte, wie wichtig es ist, auch beim Sex zu kommunizieren. Falls es eben notwendig ist UND sich zuzuhören. Es also nicht als Kritik zu betrachten, sondern als Möglichkeit das Spiel der Liebe noch schöner zu gestalten. Hach ja, da bin ich also wieder beim „Fühlen" gelandet. So was aber auch ;-). Fakt ist: „Im Miteinander von Frau & Mann, ist es DANN wirklich erfüllend, wenn wir nicht technisch arbeiten, sondern Liebe fließen lassen und empathisch sind. Das gilt für beide Seiten." In einfachen Worten - man sollte etwas GERNE tun, wirklich beschenken wollen und eben voll dabei sein. Somit lande ich erneut bei einer Ansage von Frau an Mann: „Fühle die Frau und berühre dadurch ihr Herz und DAMIT ihre Vulvina - ihren heiligen Raum, ihre heilige Höhle und gehe mit ihr so um, dass du weiter ihr Herz berührst."

Also ich gehe jetzt mal davon aus, dass es „Mann" freut, wenn die Höhle zur feuchten Grotte wird - oder? Nun, „Mann" kann dazu sehr viel beitragen. Wo mir glatt noch einfällt, wie viele Männer mir schon mitteilten, dass ihnen die Lust vergeht, wenn „sie" nicht feucht wird!! Mit der Aussage, dass die Frau wohl ein „Problem" hat oder frigide ist oder in den Wechseljahren. Wenn ich so etwas höre, da stellen sich mir die Haare. „Mann" vergeht die Lust!! Na denn!! Wenn er kein größeres Problem hat, als DAS, ist es ja gut. Buah. Ja, „Frau" hat vielleicht ein Problem, aber dieses hat sicher nicht nur mit ihr selbst zu tun. Vielleicht hat es mit der aktuellen Situation zu tun? Also mit dir „Mann", der nicht fühlen KANN, was sie braucht. Ich schreibe ganz bewusst „kann" … weil ich mir einfach sicher bin, dass viel zu viele Männer, auf Grund ihrer Vergangenheit, das Fühlen einfach nicht gelernt und erfahren haben. Vielleicht hat ihr Problem aber auch mit ihren gemachten schlechten Erfahrungen mit anderen Männern zu tun und du darfst dich noch mehr ins Zeug legen, damit sie dir vertrauen kann? Es ist nun mal wie es ist und damit meine ich, das zu viele Frauen schlichtweg unangenehme bis schlechte Erfahrungen mit Männern gesammelt haben. Zum Thema Wechseljahre, was ein Kapitel für sich selbst bräuchte, kann ich nur sagen: „Mann, eine Frau kann auch in den Wechseljahren, so was von nass werden!!" Hier mag ich noch einen Schritt weitergehen. Unser Körper hat ein Gedächtnis, in dem Erinnerungen abgespeichert sind. Somit sind auch im Glied des Mannes und der Vulvina der Frau, Erinnerungen abgespeichert. Daher wünsche ich mir ein fühlendes wahrnehmendes Miteinander, vom Herzen genährt, statt triebhaftes Rumgerammel. Jedes fühlende Berühren und sich vereinigen, löst negative Erinnerungen auf und transformiert so viel. So ist mein Wunsch, dass wir uns „gegenseitig" Heilung schenken. In den vielen Jahren, da ich meine Vulvina und meinen Körper kennen und verstehen lernte, traf ich auch eine weitere Entscheidung, die ich jeder Frau nur wünsche. Ich werde mich nie wieder selbst missbrauchen, in dem ich mich benutzen lasse, für eine Sexualität, die mich nicht auf jeder Ebene erfüllt und die mir daher nicht wirklich guttut. Jede Frau sollte sich bewusst sein, dass SIE im „Normalfall"(!!!!) die Entscheidung trifft, WEM sie Zugang in ihren heiligen Raum gibt. Jede Frau sollte sich daran erinnern, wie sie sich „danach" fühlte, wenn sie diese Erlaubnis gab, obwohl sie im Vorfeld schon spürte, sie würde von „Mann" nur benutzt werden. Aber darüber schrieb ich ja schon. So und nun nochmal an euch liebe Männer. Es wäre schön, wenn ihr eure bewusste oder unbewusste Angst vorm „Fühlen" gehen lassen könntet. Wenn ihr euch ganz und gar fühlend, auf das Miteinander mit Frau einlasst, könnt ihr einer Frau begegnen, deren Vulvina liebevoll, sanft, aber auch verschlingend sein kann. Zärtlich und wild eben. Frau wird unter euch, mit euch zerfließen und euch in Liebe einhüllen.

Wo mir der Satz „Sesam öffne dich" einfällt. Wahre Erfüllung finden nicht die Räuber, welche in die Höhle gehen, um sich am Schatz, der dort liegt, zu bereichern. Wahre Erfüllung finden nicht jene Männer, welche die heilige Höhle besuchen, um sich vom inneren Schatz der Vulvina schlichtweg nur zu nähren, ohne zu geben. Wahre Erfüllung erfährt „Mann", wenn er die Höhle dahin bringt, sich zu öffnen ... „Sesam öffne dich" - Sesam - Sesamum indicum - Früchte, die sich beim Reifen, sehr schnell öffnen. Daher auch ein Synonym für die Vulvina der Frau. Also Mann, „Sesam öffne dich" - eine Zauberformel, die über das

Fühlen funktioniert. Männer, denen DAS alles egal ist, die werden das Buch hier eh nicht lesen. Männer denen es nur um Macht und besitzen geht wohl auch nicht. Aber ich hoffe auf jene Männer, die erfahren wollen, die verändern wollen und die Wege dafür suchen. Die Vulvina der Frau ist auch ein Gebärorgan. Mann schenkt ihr seinen Samen. Kind/er werden gezeugt. Aber selbst dann, wenn es nicht um die Zeugung eines Kindes geht, kann der fühlende Mann, mit der liebevollen Energie seines Gliedes, Samen hinterlassen, welche bei Frau ihre tiefste Kreativität wecken. Aus dieser Kreativität können wunderbare Projekte geboren werden, von Liebe getragen. Als ich an diesem Kapitel landete, da kamen wieder Zweifel hoch. Soll ich diesen Reiseführer wirklich schreiben? Es gibt doch so viel „gute" Männer. Tja, hier sorgte das Leben wieder dafür, das ich weiterschrieb. Ein Video bezüglich #metoo fand den Weg zu mir. Männer wurden bezüglich des Themas befragt. Ihre Antworten machten mich mal wieder sprachlos. Erneut wurde bagatellisiert. Erneut wurde gesagt, das Thema sei ausgelabbert. Das schon Gewohnte eben. Dennoch war sehr deutlich zu sehen, wie unangenehm ihnen dieses Thema war. Wie sie sich aus der Situation versuchten hinauszubegeben. Wie sie nach Worten suchten. Eigentlich fühlte ich beim Zusehen so eine Unsicherheit, auf der Seite der Männer. Ein Mann sagte das Richtige. Sie wären gerade mal dabei neu wahrzunehmen. Alles sei im Umbruch. Sie müssten lernen Grenzen neu zu definieren. Das zu hören tat natürlich gut. Es gibt euch doch … Männer die verändern wollen!!!! Lasst uns doch gemeinsam dran gehen!! Lasst uns vorleben, wie es sein kann zwischen Mann & Frau. Es zog mich dann noch hin, zu den Kommentaren unter dem Video. Aber schon nach kurzer Zeit musste ich aufhören zu lesen. Was Männer hier kommentierten - da wurde mir speiübel. Somit war mir klar, ich schreibe weiter. Hier die Antwort von einer Mitleserin zu diesem Kapitel: „Sabine, Vulva - ich denke über ihre vielen Bezeichnungen nach. Wir Frauen haben nette Worte für sie, dann, wenn wir nicht mehr mit Scham behaftet sind. Männer haben derbere Ausdrücke. Mit dem Wort Vulva, kann ich mich nicht anfreunden. Muschi löst auch seltsame Bilder in mir aus. Ich hatte durch den erlebten Missbrauch, eh einen schlechten Bezug zu ihr und ignorierte sie lange Zeit völlig. Benutzte sie allenfalls zur Lustbefriedigung, aber nicht zum Fühlen. Das alles änderte sich als ich das Bild einer Felsengrotte präsentiert bekam und ich im Einklang mit der Natur die Schönheit dieser Grotte wahrnahm. Das Adjektiv grottig bekam eine völlig neue Bedeutung. Es war eine feuchte Höhle, die zugleich wunderschön ist und eine Art Schutz bietet. Eines Tages begann ich eine Muschel genauer zu betrachten Ich war erstaunt, als sie mich an meine „Muschi" erinnerte und fortan brachte ich dieses Wort nie wieder mit einer Katze in Verbindung. Es entwickelte sich zum Selbstläufer. Mir kam ein Foto unter die Augen, mit den verschiedenen Formen und dem unterschiedlichen Aussehen einer Muschi, einer Vagina und zum ersten Mal liebte ich das Aussehen der Meinigen. Sie ist einfach schön und nun verstand ich ein Stück weit die Männer. Mir schickte einer dieser Männer mal ein Sexvideo mit Gina Wilde beim Sex im Stehen. Die Szene wurde von unten gefilmt und es sah einfach schön aus. Es hatte nichts von einem schnöden Porno in diesem Moment, sondern es war ein besonderer Blickfang. Man sah, dass der Kameramann es liebte zu filmen. Es war SEIN „heiliger Raum", für einen kurzen Augenblick. In einem Moment, der eigentlich „benutzt" wurde, für kommerzielle Zwecke. So geht Mann oft mit Frau um, ein bisschen reiben hier, mal den Finger reinstecken, bisschen feucht machen, damit genug Schmierung da ist und dann rein mit ihm. Pure Geilheit. Nein, man darf nicht alle Männer über einen Kamm scheren, aber mal ehrlich, es ist oft so und sie sind selten bemüht. Sie fühlen nicht, sie rammeln noch. Womit ich wieder bei der Muschel lande. Fühlt sie Gefahr im Verzug, dann macht es „Schnapp" und zu ist sie. Die bekommst du nicht geöffnet, ohne dass du sie verletzt und zerstörst. Das muss sich Mann mal bewusst machen! Er will nur an die Perle - den Schatz im Inneren. Sei es in der "Muschel" oder in der "Sesam öffne dich Höhle". Der Rest ist ihm egal. Bei der Muschel macht es „Knack" und wieder wurde eine Frau in ihrem Vertrauen zu Mann gebrochen. Also damit ihr es wisst Männer: „Miesmuscheln öffnen sich beim Waschen." Will heißen, sei sanft und gib ihr das Gefühl sicher zu sein, dann öffnet sich die Muschi von ganz alleine."

(Maria-Muschel vor einer Kapelle in Mexiko)

Geschichten anderer Menschen zur Vulvina

Hier nun die Texte, des einst geplanten Vulvaprojektes, welches nie umgesetzt wurde. Ich freue mich, dass ich nun zurückgreifen kann, auf jene, welche mir damals Geschichten zugeschickt haben. Was mich aber jetzt gerade freut, ist, dass sich beim Schreiben des Buches noch Weitere bereit erklärten, einen Text zu schreiben. So dankbar machte mich das. Ja, ein Herzensdankeschön hier, an alle, die den Mut dazu hatten und mir die Erlaubnis gaben, die Texte zu verwenden.

Christian Malzahn - geboren 1963:

Der „heilige Schoß" der Frau: Wenn Frau ihn als solchen erkennt, wird sie fühlen, dass sie ein so wichtiger und wertvoller Teil ihrer selbst ist - in Verbundenheit mit dem Rest des Körpers, denn alles kommuniziert miteinander. Die Höhle, die Grotte, sie ist nicht nur Evas Gebärmaschine. Sie ist keine Büchse, welche einen Büchsenöffner braucht und sie will auch nicht als einzelnes Teil betrachtet werden. Sie ist auch nicht zuständig für die NUR körperliche Befriedigung von Mann!!

Wie fühlt sich für den Mann die Vulvina einer Frau an? Diese Frage ist nicht mit einem Satz zu beantworten. "Wahrnehmung der Vulvina", das hängt unmittelbar mit dem Bewusstseins-Zustand des Mannes zusammen. Lebt ein Mann die herkömmliche Sexualität, geht er mit der Vulvina im Prinzip genauso um, wie mit seinem Penis. Der gewöhnliche Mann in seinem sexuellen Trieb, hat eine sehr große Identifikation mit seinem Penis. Man könnte meinen, er bestehe fast nur noch aus seinem Penis. Damit hat er das viele mehr, was er ist, von sich abgekoppelt und entsprechend ist sein Verhalten. Die Gier nach Möse - er tut alles dafür, das zu bekommen. Er trickst, erzählt Geschichten, dreht und wendet sich, um Eingang in eine Vulvina zu bekommen. Ich sage absichtlich "EINE", weil die Person, die um die Vulvina herum ist, weniger interessiert; allenfalls noch die Brüste. So taucht der Mann, am Ziel angekommen, in die Vulvina ein und befriedigt sich in ihr. "Na, na, na ... ." wird nun hier und da einer sagen - ganz so extrem ist das ja nun wohl doch nicht. Ja, es ist nicht ganz so extrem. Ich möchte nicht die Männer ausschließen, die dabei doch mehr oder weniger lieben. Doch im Endeffekt geht es um das Ziel, die Frau zum Orgasmus zu bringen und selbst dabei zu "kommen". Dem sexbesessenen Mann reicht aber die Vulvina bald nicht mehr - er braucht mehr Reize. Was dabei herauskommt, ist Pornografie. Triebsex. Die Möse hat eng zu sein. Sie muss sich um den Schwanz pressen. Sie muss ihn geil reiben, bis der Penis explodiert. Und dann? Nichts.

Der Mann muss dazu die Frau nicht mögen. Sie muss ihm noch nicht einmal gefallen. Lieben muss er sie erst recht nicht. Denn er ist reduziert auf das Geschlechtsteil und auf die Emotionen, die der Geschlechtsakt hervorruft. Wenn man die „Pornografie" aus der Sexualität herausnimmt, kann es aber auch anders sein: Ganzer Mensch Mann, begegnet ganzem Mensch Frau. Die Frau ist in ihrem Sein Liebe - pure Liebe. Sie gibt sich in dieser Liebe dem Sex hin, mit ihrem ganzen Wesen, mit ihrem ganzen Sein. Sie ist mit dem Mann, den sie GANZ sieht - nicht nur seinen Penis. DAS muss ein Mann begreifen!! Wenn er das tut, öffnet er sich der Liebe, die auch ihn ihm steckt und er kann (sich ent-sexen), aus seiner Gier heraus kommen, der Liebe dienen.

Dann kann er der Frau dienen. Dann wird er auch ihre Vulvina begreifen. Ihr heilige Mitte, wenn sie ihm Einlass gewährt. Es ist dann eine unbeschreibliche Köstlichkeit, in sie hineinzugleiten. In die Frau. Die heilige Mitte, die ihn da unten umschließt. Er fühlt die Frau, die er dabei im Arm hat, ihren Herzschlag und ihren Atem - so wie sie seinen. Wenn beide ganz still sind und ineinander ruhen. Was dann passiert, das machen die Beiden "da unten" von ganz allein. Ohne Zwang, ohne Gier. Letztendlich ist es dann nicht mehr wichtig, ob man sich liebevoll in den Armen hält, oder sich küsst, oder liebend berührt, oder Händchen hält, oder aneinander denkt, oder Liebe "macht", denn qualitativ macht es dann keinen Unterschied mehr.

Geschriebenes, kommt aus meinen Erfahrungen und diese spiegeln sich wieder in meinem Text. Es geht mir beim Miteinander mit der Liebsten um Liebe, lieben, füreinander, miteinander, sowie Vertrauen, Respekt, Achtsamkeit und Schutz.

Webseite C. Malzahn: http://www.seelenfluegel.net/

Mann anonym - geboren 1970

Die Vulvina der Frau. Wie kann man etwas beschreiben, ohne ausschließlich darauf zu reduzieren? Das war die Schwierigkeit, vor der ich gestanden habe. Ich will ... NEIN! Ich kann nicht nur das Eine beschreiben, ohne das Ganze oder besser die ganze Person mit einzubeziehen. Wir reden hier schließlich von Gefühlen und Empfindungen. Ich denke, ich darf durchaus zugeben, dass es Momente und Situationen gab - und weiterhin geben wird - bei denen die eigene Befriedigung und das Bedürfnis nach Sex im

Vordergrund stehen. Doch wenn ich diesen durchaus natürlichen, aber temporären Egoismus auf die Seite schiebe und genauer hinsehe, offenbart sich mehr! Viel mehr, als ich es vielleicht mit Worten beschreiben vermag, weil mir einfach keine passenden Worte einfallen. Weil man es selbst erleben, oder erfahren muss. Dieses Gefühl wenn zwei Körper nicht nur zu einer Einheit verschmelzen, sondern zwei Seelen sich verbinden. Ja, Mann kann die Vulvina der Frau erleben und erfühlen. Besser: Erfahren!

Was hier passiert, oder offenbart wird - vielleicht mag das verwirren - IST eine Einladung! Wer als Mann jemals versucht hat, sich auch entsprechend zu verhalten, wird die Welt der Frau, die Welt der Vulvina, und vielleicht sich selbst vollkommen neu entdecken.

Die Frau möchte sich nicht nur der Begierde und dem Moment hingeben, sondern sie gibt sich dem Mann gänzlich hin. Sie MÖCHTE sich hingeben - mit ihrem Körper und Ihrer Seele. Das ist nicht nur eine einfache Geste. Im Gegenteil, es ist weit mehr. Es ist auch eine Aufforderung. Eine Aufforderung mit dieser Frau, welche in diesem Moment ihr Wesen gänzlich offenbart, behutsam umzugehen und ihr Vertrauen nicht zu missbrauchen.

Ich weiß nicht, wie ich es anders beschreiben kann, aber für mich ist das schönste Gefühl, vielleicht der schönste Moment, jener, wenn ich langsam und behutsam der Einladung meiner Partnerin folge und ihre Vulvina mit meinem steifen Glied erkunde, sanft immer weiter und tiefer. Spüren wie sich ihre Hüfte leicht bewegt, wie sie sich mir entgegen streckt. Wenn ich versuche, auch die kleinste Geste wahrzunehmen, in ihrem Gesicht ein Zucken sehe, sie sich auf die Lippen beißt, oder wie sie die Luft einzieht. Wenn ich versuche, all meine Empfindungen nur darauf zu konzentrieren, meine Partnerin wahrzunehmen. Und wenn ich dann auch noch in ihre Augen sehen darf, kann ich etwas ganz Besonderes wahrnehmen! Einen Blick, der nur ein Wort kennt. Ein Blick, der mitten ins Herz geht und der sagt: „Ich vertraue mich Dir an!" Ein Blick, der so unglaublich entwaffnet. Aber gleichzeitig verrät dieser Blick auch, das aus diesem Vertrauen, ganz ohne Scham, große Leidenschaft und pure Lust entstehen kann. Dieser Blick sagt: „Ich liebe Dich!" und das ist bei Weitem das größte Glück, das man erfahren kann. Alles andere ... alles andere erscheint dagegen nebensächlich, passiert aber von ganz allein und fühlt sich doch so perfekt an... !

Karl Feldkamp - geboren 1943

Vulvina - die heilige Höhle

Höhlen gewähren Menschen seit jeher Schutz und Geborgenheit. Die selbst erbauten und die von der Natur zur Verfügung gestellten. Männer geben sich in unseren westlichen Kulturkreisen gern als starke Beschützer, denen es schwer fällt, sich von einer Frau beschützen zu lassen. Dabei waren sie als Kinder alle einmal durch und in einer Frau geborgen, ja, ihre Leben waren abhängig von einer Frau und das nicht nur in jenen unvermeidlichen neun Monaten im Mutterleib. So sieht es die Natur (bisher?) vor. Und so ist es, wenn die Mutterliebe glückt.

Wenn ich in die Arme einer Frau sinke und sie in die meinen, spüre ich jene warme Geborgenheit, die mir (inzwischen nur noch fast) alle Hemmungen nehmen kann, da ich in der Regel mich beinahe so vollkommen angenommen fühle, wie einst im Mutterleib. Noch geborgener fühle ich mich, wenn ich schließlich voller Lust, mit einem meiner empfindlichsten Körperteile in jene Höhle (zurück) ein- und vordringen darf.

Selbstverständlich gehört zärtliches und fantasievolles Werben, Streicheln und schließlich jener möglichst, aber nicht zwanghaft herbeizuführender gemeinsame orgiastische Höhepunkt dazu, der zu jener selbstvergessenden Hingabe führt, die Männer wie Frauen vom Paradies träumen lassen. Doch es geht auch ohne Orgasmus. Nach jenem Lustgipfel tut es allerdings gut, gemeinsam und entspannt einander in den Armen zu liegen, um das Gefühl liebevoller Geborgenheit möglichst tief und lange auszukosten. Selbstverständlich ließe sich das in der Sprache des „dirty talk" wesentlich geiler ausdrücken. Aber mir ist einfach nicht danach. Warum auch immer? Obwohl es gut tut, bei jenen Gelegenheiten die so genannte gute (leider zumeist körperfeindliche) Erziehung zu vergessen. Die Regel der Lust ist vor allem Regellosigkeit. Nicht angesagt ist nur alles, was die Lust behindert. Und weil dabei jede und jeder ganz individuelle Wünsche haben kann, sind liebevolle Fantasie, Experimentierfreude und Einfühlsamkeit gefragt, damit aus zwei eins werden kann und aus eins auch wieder zwei. Und das möglichst einzigartig.

Wer als Mann in eine so privat-persönliche Höhle vordringen will, der sollte als Gastgeschenk schon mehr mitbringen, als nur die Erfahrung mit und in anderen Höhlen.

www.facebook.com/Autorkarlfeldkamp/

Fido Vagash - geboren 1949. Freischaffender Künstler.

Vulva (Vulvina) - Weiblichkeit des Lebensspendenden - Ort der Sinnlichkeit - Lebensbejahung - Fruchtbarkeit - Juwel der sexuellen Ekstase - Oase des Friedens! Ja, sie ist wirklich etwas Wunderschönes, Erfüllendes und Heiliges. Etwas Bezauberndes, deren Magie und Anziehung nicht nur Männer gerne unterliegen. Das göttliche Wunder der Frau - Vulva genannt. Oft wurde und wird sie auf das Werkzeug zum Zeugungs- und Gebärungsakt beschränkt. Doch sie ist weitaus mehr. Sie ist die Krone der sexuellen Weiblichkeit und Sinnlichkeit. Sie ist eine märchenhafte Welt voller Sinnlichkeit, Rebellion, Laszivität und Spiritualität, die mit allen Sinnen erlebt werden will. Dazu gehört als Wesenheit das verspielte, forschende, sinnliche Kind, das Feminine, Intuitive und Subtile, das Maskuline, Progressive, Resolute und Aktive, wie das Feuer der Leidenschaft des Animalischen und Vitalen. Diese vier Wesenheiten der Seele sorgen für ein ausgewogenes Sexualleben in sich selbst, wie zum Partner. Eine gewisse „Schutzscham" ist beim Menschen immer vorhanden, solange er sich nicht bewusst, ganz als Objekt anderen freigibt. Scham bezieht sich nicht nur auf das Sexualorgan, sondern bedeutet auch Schutz der Intimsphäre bei Krankheiten, Behinderungen u. a.

Warum kennen Frauen ihre Vulva(ina) nicht wirklich? Weil sie immer auf Distanz und Diskrepanz zu ihrem Geschlecht gehalten wurden und werden. Durch Erziehung und Dogmen gewisser religiöser Lehren, in denen die Frau selbst immer (von unwissenden Männern) als unvollkommenes Wesen dargestellt wurde. Nie wurde die wahre Tiefe ihrer Sexualität und die Bedeutung ihrer Art erkannt. Denn die Angst der Männer, Frauen in ihrer Zauberhaftigkeit zu verstehen ist extrem. So wurde ein Netz von Lügen über sie gesponnen. Dabei ist es so einfach, die Welt friedvoller zu gestalten: Männer lernen wieder die Frauen lieben, in ihrer Weiblichkeit, Magie, Mystik, Fragilität und Bedeutung ihres Seins!

Die Bedeutung der Frau für den Mann: Eros - Frauen – Männer.

Sie sind ein Erlebnis, diese Frauen in ihrer Mystik und Magie. Du magst ihren Stolz, der deine Männlichkeit herausfordert, ihre duftende weiche Haut, ihre Brüste, ihre süßen Schenkel, ihren warmen Schoß und ihre Hände, die Wunder vollbringen können. Ihr Profil, ihren roten sinnlichen Kirschmund, ihren Po, ihre Stimme, ihren ambrosischen Duft, ihre Raffinesse, Entschlossenheit und seelische Stärke, ihre Wärme, ihren innovativen Geist, ihre Romantik, Leidenschaft und Freundschaft, ihre tiefen Augen, in denen man das Anima ihrer Seele erkennen kann, ihre Sinnlichkeit, Ehrlichkeit, ihren Sex, ihre Erotik und Weiblichkeit, ihre Spontanität und Subtilität, ihre Courage und Selbstständigkeit, ihren Humor und Optimismus, ihre Hilfe und Geschenke, die von Herzen kommen, ihre Liebe, Geborgenheit und Zärtlichkeit, ihren zarten warmen Körper, an den man sich so schön kuscheln kann. Es tut gut, mit ihnen zu träumen, zu reden und ihnen zuzuhören. Es tut gut, mit ihnen zu lachen und zu weinen. Es ist schön zu wissen, dass sie ihre ganze Liebe ihrem Kinde geben, ohne ihren Partner zu vergessen. Es ist schön, sie zu spüren und ihr ganzes zauberhaftes Wesen zu erleben. Frauen sind das Tieferfüllendste und Großartigste, das für uns Männer je geschaffen wurde!! Es ist schön, von einer Frau zu trinken, wenn sie dir ihren Kelch anbietet. Eine Frau sollte man wie eine Blume behandeln, an ihren Blüten schnuppern, bevor man sie pflückt, sie nicht zu fest zu halten, dass sie nicht verwelkt, dann, betäubt von ihrem ambrosischen Duft, den süßen Nektar zu genießen. Versuche nie, eine Frau gegen ihren Willen zu nehmen, auch wenn dein Verlangen noch so stark ist. Du hast sonst versäumt, wie herzlich und erfüllend eine Frau in der Liebe sein kann, wenn sie dir alles gibt.

Fido Vagash Webseite: https://fidovagash.jimdo.com/
Buch: „DEUS AVISA"

Es tat mir unendlich gut, diese Texte noch einmal zu lesen. Es gibt sie doch. Männer die wissen, um was es letztendlich geht.

Frau anonym - geboren 1960

Meine Vulvina … nun, ich habe einen Mann kennengelernt und mich in ihn verliebt. Ich begann ihm zu vertrauen und dann holte mich genau in diesem Moment, da deine Einladung zum „Vulvinaprojekt" reinkam und die Frage, ob ich dazu etwas schreiben möchte, meine Vergangenheit ein. Sofort ging ich in Kontakt mit ihm, erzählte ihm, nein ich fragte ihn, ob er sich vorstellen könnte, dass ich während eines Orgasmus weine. Seine Antwort war nur, dass er sich das nicht vorstellen kann und warum ich denn da weinen müsste. Hier öffnete ich mich und erklärte ihm, dass ich, als ich noch sehr jung war, beim Sex keine Kontrolle mehr über mich hatte, explodierte, zitterte und dann weinte. Ich habe damals mich und meinen Körper total gefühlt. Ich habe SIE, meine Vulvina gefühlt - war eins mit ihr. Absolute Hingabe. Absolute Öffnung. Absolutes Vertrauen. Als sie überfloss, kam ich in so eine

Entspannung, dass es auch aus meinen Augen floss. Damals, das war ein unbeschreiblich schönes Gefühl. Ein Wahnsinns Gefühl. Danach vibrierte alles und es gab Nachexplosionen. Ich sagte ihm, dass ich diesen Mann damals liebte und er dachte, er hätte etwas falsch gemacht. Er hat mir nicht geglaubt, als ich ihm sagte, dass alles in Ordnung ist. Er nannte mich frigide. Das traf mich sehr und ab dem Tag kontrollierte ich den Sex - also mich. Nie mehr sollte ein Mann so etwas zu mir sagen. Ich konnte die Kontrolle nicht aufgeben, obwohl meine Ärztin sagte, dass ein Mann sich glücklich schätzen sollte, wenn er so etwas mit einer Frau erleben kann. Seither fühlte ich mich auch von meiner Vulvina abgeschnitten. Fühlte mich nicht mehr. Wollte nur, dass es „Mann" gut geht. Ich hatte Angst mich wieder so fallen zu lassen. Ich wollte nie mehr die Kontrolle verlieren. Ich sagte ihm, dass ich spüre, dass ich mich bei ihm fallen lassen und es halt passieren könnte, das ich weine. Nun, wir hatten noch keinen Sex und ich wollte ihm sagen, was ihn erwarten könnte. Seine Antwort war nur: „Hmmmm." und ich entschuldigte mich für meine Offenheit. Er meldete sich dann erst mal nicht mehr und ICH machte mir NUR Sorgen um IHN.

Sabine, ich wünsche mir so sehr, dass Frauen und Männer offen miteinander reden können und sich vertrauen. Ich wünsche mir so sehr, dass Mann seine Angst gehen lässt, davor, dass Frau sich ihm ganz hingibt und ich wünsche mir, dass ich wieder Vertrauen in mich und Mann haben kann. Ja ich wünsche mir Achtsamkeit im Miteinander. Ich habe so viel kostbare Zeit verloren, weil ich als frigide bezeichnet wurde, nur weil ich weinte. Dabei erlebte ich das Schönste, was Frau überhaupt nur erleben kann.

Frau anonym - geboren 1944

Meine erste Begegnung mit meiner Vulvina, ist ein Gefühl. Meine Großeltern, bei denen ich ein Jahr lang wohnte, hatten eine Teppichstange im Garten, an der man wunderbar herumklettern konnte. Jedes Mal, wenn ich die Stange hochkletterte, stieg dieses nicht zu beschreibende Gefühl in mir auf, das ewig währte und das ich immer wieder suchte, streng darauf achtend, dass mir Niemand zusah. Ich kostete es aus bis meine Arme erlahmten, ich mich nicht mehr halten konnte und mich bedauernd wieder heruntergleiten lassen musste. Da war ich etwa fünf Jahre alt. Später in der Schule, wenn wir im Turnen die Stangen hochklettern mussten, war ich flink wie ein Wiesel oben, damit „es" nicht coram publicum passierte. Bis zum Alter von vielleicht 9 Jahren ein fröhliches, freches, lebenslustiges Mädchen, kamen später die endlosen Jahre der Hemmungen, Minderwertigkeitskomplexe, Angst und Scheu vor Männern. Der erste Kuss mit 18 ein Schock. „Darf ich dich küssen?" Ich kannte die familiären Küsse auf den Mund, die freundschaftlichen auf die Wange und sagte ja. Er versuchte mit seiner Zunge meinen Mund zu öffnen. War einige Zeit vorher beim ersten Berühren der Hände noch ein wohliger Schauer durch mich hindurch gegangen, war da nur noch Kälte, Schock und Angst. Ich verschloss mich wie auch meinen Mund. Die Beziehung ging kurz darauf in die Brüche.

Orgasmen verschaffte ich mir vorwiegend, durch ein mich Hochziehen an der Türe, was anstrengend war, aber meist funktionierte. Mich selbst berühren eher weniger. Unter der Bettdecke las ich „Lady Chatterley", welches bei meiner Mutter herumgelegen war. Mit 20 Sprachaufenthalt in Paris.

Sie schicken ein Mädchen, ein unerfahrenes Mädchen, das sie lange weggeschlossen hatten, in diese Weltstadt. Paris mit seinen Gefahren, seinen Männern, seinen Versuchungen. Sie verlangten von mir, mir diesen Film über Geschlechtskrankheiten im Kino anzuschauen, um mich in Paris vor den bösen, bösen Männern zu hüten. Diesen schrecklichen Film mit geschwürigen Penissen, von der Syphilis zersetzten Schädelknochen, Bilder von kranken nackten Körpern, die sich in der Seele einbrennen, die ein Grauen hervorrufen und den Eindruck erwecken, Sexualität sei etwas Schmutziges, Krankes, Grauenhaftes. Ich bin heute noch wütend, dass man mir das zugemutet hat!

Zur ersten sexuellen Erfahrung in Paris wurde ich genötigt und kam gleich in Verruf, weil ich nicht mehr Jungfrau war. Wieder zuhause stehe ich in der Küche neben Mama, während diese das Geschirr wäscht. Ich bin gepeinigt und ein Gedanke geht mir nicht aus dem Kopf. „Warum war ich nicht Jungfrau, als ich das erste Mal mit einem Mann geschlafen habe?" Mama schaut mich nicht an. Sie ist völlig starr und schaut geradeaus die Wand an. „Das musst du selber wissen." Die Pein bleibt. Keine Anteilnahme. Keine Zuwendung. Ich weiss es nicht selber. Ich habe vor meinem Ehemann wissentlich mit keinem geschlafen. Quälende Gedanken. Keine Antwort. Heirat, weil ich dachte, mich will ja doch keiner mehr, weil ich schon mit einem Mann geschlafen habe, und weil ich von dem Mann nicht mehr loskam. Die schönen Orgasmen meiner Kindheit in weiter Ferne, öde Sexualität, Beziehungslosigkeit, Kälte, Einsamkeit. Meine Vulvina hatte ich immer noch nicht kennengelernt. Was ich von ihr sah, ekelte mich. Außerdem dachte ich, ich sei da unten nicht normal gebaut, die inneren Schamlippen seien viel zu lang. Ich hatte ja keinen Vergleich mit anderen Frauen. Beim Wort Penis erzitterte ich innerlich und Schamröte überzog mein Gesicht.

Jahre vergingen bis ich mit dem Thema Missbrauch konfrontiert wurde, immer mit dem schlechten Gewissen, Jemandem etwas zu unterstellen, das vielleicht nie stattgefunden hatte. Ich hatte ja keine bewusste Erinnerung. Meine Unfähigkeit Nein zu sagen, die Tatsache, dass ich immer die falschen Männer anzog, leuchteten auf einmal in einem anderen Licht. Und eine schwere Erkrankung, die mich mit 38 ereilte, erzählte ihre eigene Geschichte vom nicht fühlen können. Dann kamen die Albträume. Albträume über das, was ich einst erlebte. In meinen Träumen war mir alles ganz klar.

Dann kam ein Mann in mein Leben, der jahrelang mein Lover war und ist. Sein Kuss beim Abschied war harmlos und doch lag eine Forderung darin, welche mich seit dem Tag, an dem ich ihn kennen gelernt hatte, erschreckte, und ich wusste nicht weshalb. Ängste stiegen in mir hoch und überschwemmten mich mit unsäglicher Not. Ich ließ mich auf eine ungewisse Beziehung ein, da er wie alle Männer seit meiner Ehe, keine feste Beziehung mit mir eingehen würde, aber zum ersten Mal erfüllte Sexualität - wenigstens am Anfang. Ich las das Buch „Wild Thing" und setzte mich zum ersten Mal ohne Scham mit Sexualität auseinander. In den Anfängen jener Beziehung, hatte ich mich zum Familienstellen angemeldet. Diese zeigte die inzestuösen Beziehungen in meiner Familie auf.

Oh Schande, jetzt ist es ein Schulaufsatz geworden. Irgendwie nicht die Geschichte meiner Vulvina und mir. Die Momente, da mein Lover ganz bei mir war, sich auf mich einließ, sind vorüber. Wenn er das früher tat, war er darauf so erschrocken, dass er sofort wieder viel Distanz einbaute.

Was hat er mir gespiegelt? Bin ich es, die sich immer noch nicht ganz einlassen kann? Jetzt geht mein Zwerchfell langsam nach unten, und Gefühle strömen in mich ein. Sie strömen über meine Vulvina, die als Teil von mir anerkannt werden möchte. So gerne möchte ich mich dem GANZEN Leben öffnen, bevor es vorbei ist. Danke Sabine, für die Möglichkeit, die du hier geboten hast. Es tat so gut, dies alles niederzuschreiben.

Der Kuss der Göttin - C. Mariella Renné

Es war dieser heiße, wundervolle Sommer auf Korfu. Ich verbrachte dort eine traumhafte Zeit in einem Frauenretreat. An einem Abend hatte ich ein Fotoshoot mit der genialen B. F. gebucht. Unser Weg führte uns zunächst in einen magischen Olivenhain. Das Highlight sollte aber der Sonnenuntergang an einem fast leeren Strand werden.

Bereits durch die recht mystische Stimmung im Olivenhain war ich einem, na sagen wir, recht meditativen Zustand. Bibbie hatte mir als einziges zu Beginn den Rat: „Be who you are" gegeben ...

Je mehr ich im Verlauf des Abends in der Lage war, in mich hinein zu spüren, desto besser vermochte ich dies zu verkörpern.

Meine Trommel nahm den Takt auf, während die Wellen, die vom untergehenden Licht der Sonne in rot-violett-goldenes Licht getaucht wurden, meine Beine umspülten. Irgendwann legte ich die Trommel an den Strand und setzte mich im Yogasitz ins fast flache Wasser. Das Wasser kam und floss zurück. Ausdehnen ... Zurückziehen.

Mein Kleid, das die Wellen mittlerweile komplett durchnässt hatten, zog ich irgendwann aus. Die Gegenwart von Bibbie und ihrer Kamera hatte ich total vergessen.

Ich war völlig versunken in dieser magischen Energie der untergehenden Sonne, dem Funkeln und Glitzern der Lichtstrahlen auf dem Wasser. Fast von meinem Körper losgelöst, dafür verbunden mit den Elementen saß ich in Gebetshaltung dort. Die Wellen flossen weiterhin um mich herum, das Wasser und der Sand umspielten mich sanft ...

Und dann war SIE da. Die Große Göttin schenkte mir einen der intimsten, berührendsten Momente in meinem bisherigen Leben.

Das Wasser umspülte mich bis zu den Hüften, die ich da im Schneidersitz saß. Stetig, langsam, wurde der Sand unter mir mit jeder Welle weggespült, ich sank unbemerkt immer tiefer ...

Und dann ... plötzlich ... war da diese nasse, saugende, sanfte aber gleichzeitig kraftvolle Berührung.

Mit aller Inbrunst küsste Sie mich, mit einem schmatzenden Geräusch Ihres sandwarmen Munds meine Vulva umhüllend.

All Ihre Weisheit, ihr uraltes Wissen flossen in diesem Moment durch meine Vulvina, sich in meinem ganzen Schoßraum verbreitend. Ein sanftes Vibrieren all meiner Zellen war die Antwort. Dies war der Moment. Ich gab mich Ihr völlig hin. Mein Körper wurde Ihr Körper. Sie war ich.

Hierauf hatte wohl Poseidon, Gott des Meers gewartet, der nun die Bühne betrat.

Sanft, liebevoll umspielte er mit jeder heranrollenden Welle den Körper seiner Geliebten, Göttin Gaia.

Er drang in sie ein, ergoss sich in Ihr. Verließ Ihren Körper, um mit den nächsten Wellen wieder sanft, aber beharrlich in sie einzudringen. Wieder und wieder und wieder …

Jeder seiner Ergüsse aus Salzwasser und Sand löste die alten, von Generation zu Generation weitergereichten Schichten an Verletzungen, Angst, Scham, Wut, Missbrauch … aus meinen Zellen. Spülte sie mit der nächsten Welle hinaus in die Weiten des Ozeans. Nach wohl nur wenigen Momenten der totalen Hingabe, jedoch gefühlte Äonen später, kehrte mein Bewusstsein zurück. Ich spürte, wie Heil(ig)ung geschah. Ich war wieder in meinem Körper.

Was ich bisher vom Verstand schon wusste … dies hatte sich jetzt, in diesen magischen Momenten, tief in meinem Zellbewusstsein verankert.

Mein Körper ist Heilig!

Meine Vulvina ist der Heilige Zugang zu diesem Ort der Schöpfung, an dem der Hieros Gamos, die Heilige Hochzeit, die Vereinigung von Gott und Göttin, stattfindet. Ich achte, ehre und schütze diesen Raum mit diesem „Wissen" inzwischen ganz besonders.

Nur jemandem, der diese Heiligkeit sieht, ehrt und würdigt … und aus dieser Haltung handelt, lasse ich im wahrsten Sinne die Zugbrücke herunter. Möge er achtsam den Heiligen Boden betreten … und vielleicht den Heiligen Gral finden.

Vulvina ~ zusammengesetzt aus Vulva (Schamlippen) und Vagina

C. Mariella Renné - www.bluetenklang.de © 05.01.2019

Kurzfassung von Hans-Jürgen:

**Die „Vulvina" ist ein
„Heiliger Ort"
für
Frau UND Mann.**

Sie ist KEIN/E … Büchse, Fotze, Fickloch, Bohrloch
oder ne Schwanzgarage!!!!

Diva

Mit dem nächsten Vulvina-Schreiben einer Frau landen wir bei der Diva.

Frau anonym - geboren 1958

Wie ich meine Vulva(ina) wahrnehme? Was für eine Frage? ☹. So was kann ja nur von dir kommen Sabine. Du sprichst von Lady Vulvina - das klingt so vornehm, so würdevoll. Das empfinde ich nicht so. Ich versuche Mann immer zu erklären, dass meine Vulvina eine Diva ist und dass sie das auch sein darf. Mal mag sie es sanft, mal wild. Mal ist sie zickig, mal sofort bereit. UND ... sie darf in jedem Augenblick sein, wie sie sich fühlt. Ich achte auf sie und Mann darf lernen, sich auf sie einzustellen. Männer in jungen Jahren sehen ihren besten Freund stets wie eine Bohrmaschine. Die wird angemacht und sie funktioniert. So auch der beste Freund. Er wird „angemacht" und steht stramm. Daher verstehen und fühlen sie die „Diva" der Frau NICHT. Wenn sie dann älter werden und ihre Bohrmaschine nicht mehr so funktioniert wie gewohnt, dann kriegen sie Probleme. Weil sie dann eine männliche Diva haben. Dann haben sie aber auch die Chance zu erfahren mit ihrer männlichen Diva umzugehen, wie wir das als Frau schon das ganze Leben kennen."

Der Ausdruck „Diva" gefiel mir gut. Diva kommt von divus und heißt „göttlich". Der Begriff wurde in der zweiten Hälfte des 19. Jahrhunderts für bedeutende Frauen auf der Bühne verwendet, da sie sich ihrer EINZIGARTIGKEIT bewusst waren. Nun, diese Damen zelebrierten ihr Diva sein und ja, Lady Vulvina, darf eine Diva sein und sie darf es zelebrieren, da jede für sich, eben einzigartig ist.

Muschi

Behandelt ein Mann die Diva nicht, wie es ihr gebührt, und/oder achtet die Frau ihre Diva nicht, wie es ihr gebührt, dann kommt es schon mal zu dem Punkt ... oder anders *grins* ... eine Diva ist alles! Sie ist eine „Liebeshöhle", wie sie eben auch ne „Muschi" ist. Ab hier mag ich den so viel später dazugekommenen Begriff „Vulvina" nutzen. Wird eine Vulvina NUR wie ne „Muschi" behandelt, dann kann es schon mal dahin führen, dass diese „Muschi" einen Schnupfen kriegt. Oh es liegt schon so viele Jahre zurück, da war ich bei einem Arzt und nach der Untersuchung meinte er zu mir: „Oh SIE hat sich nen Schnupfen geholt." Er hat das so süß gesagt und mich dabei so nett angelächelt, dass ich trotz der Situation schmunzeln musste. Besagter „Schnupfen" wird ausgelöst durch Bakterien, Pilze, Viren. Diese können andocken, wenn die Vaginalflora gestört ist, weil die schützenden Laktobazillen zurückgehen. Oft ist der Überträger, der Mann.

Ich fange mal bei der gestörten Vaginalflora an, deren Schutz nicht mehr vorhanden ist. Da steigt sofort der Gedanke in mir auf, dass die „verletzte" Frau, nicht in der Lage ist, für sich zu sorgen und sich zu (be)schützen, selbst dann nicht, wenn sie spürt, der Mann, der mit ihr ist, tut ihr nicht gut. Ja und ich will es von der Symbolik mal ganz einfach halten. Frau hat zu wenig Laktobazillen, daher ist ihre Flora nicht geschützt. Laktobazillen, welche zu den Milchsäurebakterien gehören. Milch wiederum ist symbolisch etwas sehr Nährendes und steht für mütterliche

Liebe. Fazit: „Frau nährt sich selbst nicht genug, was meint, sie sorgt nicht für sich. Daher ist sie angreifbar, durch die Eindringlinge, die oft von Mann kommen." Viren brauchen einen Wirt, sie nähren sich von diesem. Nun, so ist es auch, wenn sich Mann unachtsam, nicht wertschätzend, egoistisch eben, durch Frau nährt. Frau lässt es zu, da sie es noch nicht gelernt hat, neu zu handeln.

Irgendwann erzählte mir dann mal eine Frau, welche gerade besagten „Schnupfen" hatte, dass sie in der Nacht von einer Katze träumte, die verschnupft war. Wir nahmen den Traum auseinander. Muschi - ein salopper Begriff für die Vulvina. Vollkommen in Ordnung, dann, wenn man eben nicht nur die „Muschi" wahrnimmt. Was meint, man sollte daran denken, dass sie mehr als eine Muschi ist. Muschi ist auch ein andrer Begriff für Katze und bei dieser landen wir nun. Auf den „Muschi & Katzenschnupfen, werde ich aber später noch einmal zurückkommen.

Hierzu äußerte sich eine Dame wie folgt: „Die Muschi ist verschnupft, sagt doch alles aus. Sie wurde schlecht behandelt. So musste es kommen, dass ihr Immunsystem runterfährt. Ist beim Sex nämlich ein Empfinden bei, was für Frau nicht passend erscheint, verschnupft die Muschi. Bekommt die Frau Stress beim Sex, weil Mann sich über ihre Bedürfnisse hinwegsetzt, dann muss er sich auch mal der Verantwortung bewusst sein, dass er damit faktisch ihr Immunsystem runterfährt. Es bedeutet Stress, Dinge zu tun, die Frau nicht will und vor allem dann, wenn diese Frau auch noch Missbrauchserfahrung gemacht hat. Aber ist ja alles easy. Mann hat Bock, ergo hat Frau auch Bock zu haben. Weil in dem Moment nur noch das Neandertalern funzt, was da heißt „Ficken". Ficken aber ist nur dann schön, wenn beide Bock drauf haben und Punkt."

Katze

Dieses Unterkapitel „Katze" startet mit einem weiteren Text einer Frau, anonym, geboren 1956, welche sich einst am „Vulvinaprojekt" beteiligt hatte. Sie schrieb: „Vulvina? Bei mir würde ich da eher von einer Katze sprechen, die ganz unterschiedlich sein kann: Mal wilde, leidenschaftliche, gierige Tigerin, mal verspieltes, schmusiges Kätzchen. Alles eine Frage der Situation, der Stimmung und natürlich von demjenigen mit abhängig, der die Katze entdecken, berühren, bezaubern und beglücken möchte. Hier habe ich das Glück, nur auf positive Erfahrungen zurückblicken zu dürfen. Alle sind meiner Katze achtsam und mit großer Wertschätzung begegnet und haben sich erfolgreich bemüht, sie zum Schnurren zu bringen."

Ja, es gibt auch Frauen, die keine schlechten Erfahrungen gemacht haben, wo Katze eben auf passende Kater traf. Frauen, die vielleicht auch diesen Reiseführer gar nicht nachvollziehen können. So wie es sicher Männer gibt, welche das auch nicht können. Für diese schreib ich den Reiseführer aber auch nicht.

Ja und als ich also begann, dieses Buch zu schreiben, und in Kontakt trat mit anderen Menschen, passierte dann Folgendes:

Ich hatte zur Lady Vulvina diesen Text geschrieben: „Sie kann weich werden und ihre Quelle kann übersprudeln, wie unser Herz übersprudeln kann. Sie kann voll Freude zucken und klopfen - wie unser Herz das auch kann. Sie kann die Stille genießen und das Auftanken, wenn „ER" bei „IHR" ist. Sie kann die Energie aufnehmen und zum Herzen leiten. Sie kann lustvoll verschlingend sein, bebend, zitternd, wissen wollend, was alles möglich ist und sie kann sich mitteilen:

„Ich mag gerade nicht. Nimm es nicht persönlich Mann. Aber ich habe gerade keine Lust." Wenn der Mann ihre Sprache versteht, wird er beschenkt werden. Manchmal öffnet sie sich vielleicht sogar dann für ihn, wenn er zuvor ihre Grenzen anerkannt hat. Aber viel wichtiger ist, das die Frau die Sprache ihrer Vulvina versteht und dazu steht und für sich sorgt. Wenn „sie" geachtet wird, als das, was sie ist, ein heiliger Platz, der alles beinhaltet, eine Lady, eine Diva, eine Muschi, ist so viel möglich."

Hier erhielt ich die Antwort einer Frau:

Sabine,

beim Lesen des schon Geschriebenen, erinnerte ich mich an etwas, das seinerzeit Katzen galt und das ich gerne auf Frau übertragen möchte. Für mich ist das, was folgt, gerade im Moment eine mögliche Kurzfassung, welche nicht allgemeingültig sein soll und vielleicht auch nur für mich, den passenden Humor in der Situation einbringt:

„Was die Katze nicht kennt, frisst sie nicht." = Was neu für eine Frau und deren Diva ist, erfordert ein gewisses Fingerspitzengefühl und eine besondere Vertrautheit.

„Was die Katze bereits kennt, frisst sie nicht." = Was einer Frau und deren Diva vertraut ist, kann auch schon mal langweilig werden und muss nicht zum x-ten Mal wiederholt werden.

„Was die Katze gestern noch gefressen hat, frisst sie heute nicht." = Was der Frau und ihrer Diva gestern gefallen hat, entsprach der Stimmung von gestern ... nicht der von heute.

„Was die Katze jahrelang gefressen hat, frisst sie nicht." =

Auch eine Frau und deren Diva entwickelt sich weiter, was heißt, dass man manchmal gewisse Techniken und Verhaltensweisen einfach nicht mehr mag oder neu erfahren möchte.

„Eigentlich frisst die Katze nur das, was du gerade nicht im Haus hast." = Will heißen, dass es einfach viel Fühlen im Umgang zu Frau erfordert, weil sie sehr viel mehr in sich aufnimmt, wahrnimmt und sich leichter ablenken lässt, als ein Mann. Es ist wichtig, dass Mann lernt, dass weder Matriarchat noch Patriarchat dienen, sondern die Entwicklung zu einem Leben auf Augenhöhe, bei der jeder die eigenen kraftvollen Aspekte seiner selbst, durch aufrechte Kommunikation und stetes Fühlen, zu einem harmonischen Gefüge zusammenbringt.

Verschnupfte Katze

So greife ich noch mal den Begriff „Muschi" auf. Die „Muschi" der Frau, kann wie eine reale Katze, unterschiedliche Schnupferkrankungen bekommen. Ja, sie kann ganz einfach „nur" mal verschnupft sein. Dieser einfache, vorübergehende Schnupfen der Frauenmuschi, wie auch von realer Katze, betrifft in der Basis „gesunde" oder „geheilte" Wesen. Aber es gibt eben auch diese schweren chronischen Schnupfenerkrankungen. Eine davon ist die Leukose bei der realen Katze und ich mag genau DAS in Verbindung bringen, mit der Muschi der Frau und mit Frau, die schlechte Erfahrungen mit Mann gemacht hat. Leukose: Viren im Knochenmark, welche ins Blut gehen und zu Anämie führen. Viren, welche das Immunsystem stören, zu Erkrankungen führen, die tödlich ausgehen können. Viren im Knochenmark! Da fällt mir der Spruch ein: „Durch Mark & Bein gehen." Das „Mark", Sinnbild des Innersten. Der „Knochen", ein Zeichen der Stütze, der Lebendigkeit und des sich Bewegen können. So lande ich symbolisch bei der Leukose der (Katzen)Frau im Ganzen und gleichzeitig auch bei der Folgesymptomatik der verschnupften Muschi. Eine Frau erfährt „Missbrauch". ERSCHÜTTERNDE, durch Mark & Bein gehende Erfahrungen, setzen sich als Virus-Erinnerungen im Knochenmark fest. Viren-Erinnerungen, die ins Blut gehen, welches für unsere Lebenskraft steht. Viren-Erinnerungen, welche zu Anämie führen - Verlust der Lebenskraft. Viren-Erinnerungen, welche das Immunsystem stören und zu Krankheiten führen. Oh ich kenne so viele Frauen, die genau das erfahren und ich gehörte auch dazu. Krankheiten, die auch tödlich ausgehen können. „Frau" kann auch lebendig und gleichzeitig innerlich tot sein. (Wo ich hier erwähnen mag, dass ich auch männliche Betroffene kenne, und ganz mit ihnen bin, hier im Buch aber eben auf uns Frauen eingehe.) Meine Gedanken laufen gerade von alleine weiter. Es geht durch „Mark & Bein". DAS lässt mich gerade nicht los. Es schockt!! Es geht durch und durch!! Es setzt sich FEST!! Diese Redewendung wird aber auch dann benutzt, wenn ein extrem lautes Geräusch, wie ein Schrei, in einen hineinfährt. Es fährt in einen hinein und verdammt ... das, was da reingefahren ist, das muss auch wieder raus. Dieser scheiß tiefe Schmerz muss da wieder raus!!! Dieser nicht ausgestoßene URSCHMERZSCHREI, über diese so scheißtiefe Verletzung auf allen Ebenen. Der Schmerz, über das in Besitz genommen werden, den körperlichen und seelischen Schmerz, die Hilflosigkeit, die Ohnmacht, die Unterdrückung, das benutzt werden wie ein Ding und die Verletzung der Würde als Frau. Und mir fällt sicher nicht alles ein, was da noch dazu gehört. Der nicht ausgestoßene URSCHMERZSCHREI von Frau, welcher sich bei der Tat, in Mark & Bein setzt und sich als Virus einnistet … und Folgen mit sich bringt, welche das ganze Leben, wie ein roter Faden durchziehen. Es wird Zeit, diesen Urschmerzschrei frei zu lassen. Es ist Zeit für #metoo. Und es wird Zeit, dass Männer begreifen, was das alles mit „Frau" gemacht hat und noch immer macht. Ich habe es satt, dass wir still bleiben sollen und das alles stets wieder bagatellisiert wird und das Frau sogar angegriffen wird, wenn sie sich „outet". Ich habe ehrlich gesagt, gerade so die Nase gestrichen voll, von all JENEN Männern, die es schlichtweg nicht begreifen wollen/können. Die es nicht an sich heranlassen, weil sie Angst haben ihre eigenen Themen, Traumata, Ängste und emotionale Schmerzen anzuschauen, die auch SIE erfahren haben in ihrem Leben. Die es nicht an sich heranlassen, weil sie Angst haben, sich selbst und ihre Verletzungen zu fühlen, was dahin führt, dass sie „Frau" nicht fühlen können. Ja, ich habe Verständnis für euch, aber dieses Verständnis, stelle ich nicht über mein Verständnis für mich und betroffene Frauen. All das, was ich schreibe, wird mir als Frau, nicht die Liebe zu Mann nehmen. Aber ich erlaube mir schlichtweg, auch meine Wut und mein Unverständnis zu zeigen. Gerade weil es mir so wichtig ist, Liebe & Frieden zwischen den Geschlechtern zu leben. Manchmal braucht es heftige Gewitter mit Blitzen und Donner, oder Erdbeben und Vulkanausbrüche, um wachzurütteln. Und ich gehe noch einen Schritt weiter. Selbst ein Mann, der seine Frau, welche er liebt, einfach mal auf die Schnelle sexuell benutzt, weil es ihm gerade danach ist und er seinen Gefühlsschalter mal kurz auf „Aus" gestellt hat, und er so ganz und gar nicht mitbekommt, was seine

Frau sagt und zeigt, kann sie dadurch erneut „verletzen".
Muss das sein? Für ein kurzes Vergnügen? Mann, wenn du
deine Frau liebst, sei dir DESSEN einfach bewusst. Oh jetzt
kommt gerade wahrlich viel hoch. Dieser scheiß
unterdrückte URSCHMERZSCHREI, bezogen auf die
Unterdrückung von Frau über Jahrhunderte. „Mann" sollte
sich mal so Einiges bewusst machen. Ich mag hier mal nur
EIN Beispiel nehmen. Auszug aus der Süddeutschen - 4.7.17
- Ronen Steinke: „Das Grundgesetz gilt schon seit mehr als
anderthalb Jahrzehnten, da buchstabieren 1966 die Richter -
ausschließlich Männer - des 4. Zivilsenats am
Bundesgerichtshof aus, welche Erwartungen die Justiz an
Frauen hat: "Die Frau genügt ihren ehelichen Pflichten nicht
schon damit, dass sie die Beiwohnung teilnahmslos
geschehen lässt. Wenn es ihr infolge ihrer Veranlagung oder
aus anderen Gründen, zu denen die Unwissenheit der
Eheleute gehören kann, versagt bleibt, im ehelichen Verkehr
Befriedigung zu finden, so fordert die Ehe von ihr doch eine
Gewährung in ehelicher Zuneigung und Opferbereitschaft
und verbietet es, Gleichgültigkeit oder Widerwillen zur
Schau zu tragen."
Geht's noch? Wir sind doch Menschen, egal ob wir Mann
oder Frau sind. Ja und das Gesetz, das Vergewaltigungen in
der Ehe zur Straftat machte, trat erst am 1. Juli 1997 in
Kraft. Eigentlich unglaublich - oder? Ja, es ist Zeit den
URSCHMERZSCHREI hinauszulassen, damit besagte
„Katzenleukose" immer weniger Frauen befällt. Der Idealfall
wäre Ausrottung dieser Krankheit. Mein persönlicher
Urschrei, ist wohl dieses Buch. Es ist Zeit für Heilung, für
Lebendigkeit, Lebensfreude, Schamfreiheit, Leidenschaft,
Lust, Lachen, LIEBE und all das aus einem geheilten Sein
heraus. „Mann" lass deine Angst vor der Urkraft der Frau

gehen und höre auf, sie zu unterdrücken und klein zu halten. Bewusst oder unbewusst. „Frau", lass deine Angst vor deiner Urkraft gehen und lebe dich in deinem ganze weiblichen Sein. Hierzu fällt mir etwas ein, das ich zu unserer Hochzeit schrieb. Aber letztendlich zeigt es, so finde ich, das Miteinander von Frau & Mann, wie es in Achtsamkeit und Respekt generell gelebt werden könnte, damit es Liebe & Frieden geben kann: *Blau & Rosa geben sich die Hand. Mann & Frau geben sich die Hand. Mann lebt das „Mann sein". Frau lebt das „Frau sein". Sie leben gemeinsam das sich „sein lassen". Mann sagt „ja" zur weiblich wirkenden Kraft. Frau sagt „ja" zu männlich wirkenden Kraft. Mann & Frau gehen den Weg nebeneinander, miteinander. Mann gibt Frau einen sicheren Lebensrahmen auf emotionaler Ebene. So darf und kann Frau ganz die Liebe sein, die sie wirklich ist, mit allem, was ist. So kann sie aus der Urquelle schöpfen und die wundervollen Ereignisse und Geschenke des Lebens können sich zeigen. In dieser Liebe, welche Frau nun sein kann, hüllt sie Mann ein und wird dafür von ihm weiter beschenkt. Ein Kreislauf schließt sich. Wechselseitiges geben & annehmen, lässt eine gemeinsame Glücksspirale entstehen. Mann & Frau geben sich die Hand. Verstand & Herz geben sich die Hand. Mann & Frau tragen Freundschaftsarmbänder aus Blau und Rosa ineinander verflochten. Liebe & Freundschaft geben sich die Hand. Mann trägt blaue Kleidung und weitere sanfte Farben fließen mit ein. Frau trägt rosa Kleidung und weitere sanfte Farben fließen mit ein. Die Energien tauschen sich aus, vermischen sich, verbinden sich. Männlich & weiblich. Denn beides ist in Mann und beides ist in Frau. Jeder für sich und doch im gemeinsamen Wirken & gemeinsamen Sein. LOVE & PEACE!!*

Liebe & Frieden
zwischen
Frau & Mann

Katzenfrau

Ja, wir Frauen sind schon irgendwie wie Katzen und wir sind vom Charakter her, auch so unterschiedlich wie Katzen es sind. Jenen Frauen, welche zu Katzenschnupfen neigen, welcher Art auch immer, kann ich nur sagen, orientiert euch mal an einer „heilen" Katze. An einer, die ihr Katzensein so richtig toll lebt. Denn von denen kann man sich echt ein Stückchen was von abschneiden. Katzen sind die besten „Divas" *grins* und so kann man so viel lernen von ihnen. Sie sind Divas mit Kuschelfaktor & Krallen. Ja und die einen Frauen dürfen lernen sanfter, weicher, anschmiegsamer zu werden und andere dürfen lernen die Krallen zu zeigen. Und Mann darf den Umgang mit Katzenfrauen lernen *lieblächel*.

Ach ja, Fauchen als Warnung, können Katzen auch gut, dann wenn ihr Miauen nicht verstanden wird, die Körpersprache nicht erkannt und/oder Gefahr herrscht. Wenn also „Mann" die Sprache einer Katzenfrau nicht versteht, darf sie ihn dahin führen, dass es ihm leichter fällt, sich darin zu üben, sie zu verstehen, anstatt in den alten Gewohnheiten hängen zu bleiben. So dürfen beide Seiten das Thema Kommunikation miteinander üben. Sagen, was zu sagen ist und einander wirklich zuhören! Miteinander sprechen, offen und ehrlich, verhindert schlichtweg die Gefahr sich gegenseitig zu verletzen, und bringt Klarheit.

In meiner Rede auf der Kundgebung gegen sexuellen Missbrauch in Hagen, sprach ich davon, dass fast jeder Mensch traumatisiert ist. Das fast jeder Mensch, in irgendeiner Form Missbrauch erlebt hat. Sei es sexuell, körperlich, emotional oder seelisch. Das wiederum führt dazu, dass ein einst verletzter Mensch, Mechanismen entwickelt, um sich und sein Herz zu schützen. Vor sich, seiner Angst, seinem Schmerz und seinen Erinnerungen, die noch in ihm sind. Angst vor dem, was auf ihn zukommen könnte, würde er sein Verhalten verändern. Unbewusst, ohne es zu merken, verletzt er dann oft gerade die Menschen, die er lieb gewonnen hat. Und warum? Weil Sie ihm zu nahe gekommen sind und noch näher kommen könnten. Meine Wahrnehmung. Meine Wahrheit. Das heißt nicht, dass ich hier richtig liege.

Ein verletzter Mensch, kann sich letztendlich nur selbst heilen, in dem er sich seinen „Schatten", also seinen schmerzvollen Erinnerungen stellt. Wenn eine Frau das tut, und ihren Heilweg geht, wird sie immer mehr zu dieser Katzenfrau, die ich so vor Augen habe. Dennoch mag ich hier sagen, dass es verdammt schwierig ist, diesen Heilweg zu gehen, wenn NICHT fühlende Männer, stets wieder in die Wunden hauen, statt Wundbalsam drauf zu streichen. Ich wünsche mir mehr Männer, welche heilsames Balsam auf die Wunden der Frauen streiche(l)n. Aber das können jene Männer, die noch in der Erinnerung des eigenen Schmerzes stecken, oder jene, die ihren Schmerz hinter Ignoranz & Distanz verstecken, oder jene, die noch nicht genug Selbstsicherheit in sich tragen, oder, oder, oder, schlichtweg nicht tun, oder sie können es nur für Momente tun.

Davon dürfen wir Frauen uns aber nicht stoppen lassen. Unser Heilweg geht weiter. Hin zur Wolfsfrau in uns und hin zur Katzenfrau in uns. Leben wir die heile Katzenfrau, denn in diesem Kapitel geht es ja darum, werden wir vielleicht auch anstrengend sein für „Mann". Denn er wird erfahren, dass eine Katzenfrau nicht nur schmust und schnurrt, sondern auch fauchen und krallen kann. Hier heißt es dann für „Mann", raus aus der Komfortzone. Raus aus dem gewohnten Trott.

Jetzt muss ich grinsen. Eine „gesunde" Katze, die wird in ihrem Ursprung immer wild bleiben und sie wird sich nicht einsperren lassen. Wild ... die wilde Katze, die wilde Katzenfrau. Hier erinnere ich mich an ein Gespräch. Ein lieber guter Freund, sagte vor langer Zeit zu mir: „Ihr Frauen. Ihr wollt immer einen wilden Mann und wenn ihr ihn habt, macht ihr ihn zum Weichei. Wenn er dann eines ist, lasst ihr in stehen und sucht euch den nächsten wilden Mann." Heute würde ich ihm sagen: „Ihr Männer. Ihr wollt immer eine wilde Frau und wenn ihr sie habt, verändert ihr sie. Wenn sie verändert ist, sucht ihr euch die nächste wilde Frau." Das zeigt mir wieder einmal an, wie schwer es uns fällt, beide Seiten in uns im WIR zu leben. Die sanfte und die wilde Seite. Davon hatten wir es ja schon. Diese beiden Aussagen, schauen wir mal genauer hin, zeigen aber auch an, dass Mann, dass Frau, DAS mit sich machen lässt. Es wird von Außen getan und Mensch lässt es zu. Wenn man sich dessen bewusst ist, wird einem auch klar, dass es an einem selbst liegt, ob man das zulässt oder nicht.

Die Katzenfrau, so wie sie für mich ist, so wie ich Katzen liebe, lässt sich nicht mehr domestizieren. Sie wird das nicht zulassen. Sie will kein Besitz sein, lässt sich nicht einsperren und schon gar nicht abhängig machen. Die Katzenfrau, ist sich selbst die höchste Instanz und trifft Entscheidungen für sich. Sie ist schlichtweg authentisch und ganz mit ihrem sein. Ja, sie bleibt sich stets treu. Geht Mann „passend" mit der Katzenfrau um, und akzeptiert, das sie ist, wie sie ist, wird sie es ihm danken und ihn beschenken. Sie wird schnurren und schmusen, die Augen zusammenkneifen, sich auf den Rücken werfen und sich wonnig dehnen. Sie wird sich auf den Rücken werfen, alle Viere von sich strecken und den Bauch zeigen, damit du ihn liebkosen kannst. Den Bauch zu zeigen, ist ein großer Vertrauensbeweis von ihr an dich „Mann". Der Bauch, der ist so leicht zu verletzen und da sitzen die Gefühle. Die Katze(nfrau) lässt sich nicht nur von dir verwöhnen. Sie gibt auch unendlich viel Zärtlichkeit zurück. Aber eine Katze(nfrau) kann nicht nur Schmusemutantin sein. Sie liebt es ausgelassen und spielerisch zu sein und dann ist sie eine wahre Freude und die absolute Leichtigkeit in ihrem sein. Wenn eine Katze(nfrau), ihre trotzigen Phasen hat, in denen sie sich von „Mann" nicht wahrgenommen fühlt, braucht sie meist nur ein paar kleine Aufmerksamkeiten und schon ist alles was geschah vergessen. Sie darf diese Phasen haben, denn sie ist ein Weibchen! Sie präsentiert nun mal die Gefühlswelt, mit all ihren Facetten. Ein weiterer guter Freund sagte einmal zu mir: „Du darfst emotionales Weibchen sein. So ist Frau eben in ihrem Ursprung."

„Mann", wenn ABER die Katze ihr Fell sträubt, dann fühlt sie sich meist einer Gefahr ausgesetzt. Dann hast du irgendetwas getan, was sie an Altes erinnert hat, etwas das sie einmal verletzt hat und nun ERNEUT verletzt. Alles an ihr sträubt sich und sie zeigt sich wütend und auf Abwehr. Dahinter steht meist einfach nur Angst und Selbstschutz. Wenn sich also eine Katze verletzt fühlt, und sie ihre Krallen zeigt und faucht, und sich ihr Fell sträubt, sollte „Mann" die Kraft und Gelassenheit haben, ihr das Fell glatt streicheln zu können. Sie wird diese Kraft des Mannes spüren und wird das zulassen. Manchmal geht das ganz schnell und manchmal braucht es auch Ausdauer & Geduld. Aber wer dran bleibt, wird erfahren, dass eine Katzenfrau, welche ihr Fell sträubt, genau DAS von „Mann" braucht. Was es bedarf, um das Fell wieder glattzustreicheln ist unterschiedlich, wie Katzenfrauen unterschiedlich sind.

Eine Katze ist eigentlich so einfach handzuhaben. Wenn die Katzenfrau erkennt, dass sie „Mann" vertrauen kann, wird sie ihn mit ihrer ganzen Katzenenergie beschenken können. Die Katzenfrau, sie ist für mich ein Teil der „wilden Frau", und hier an dieser Stelle, da mag ich einen Brief an Mann einfügen, den ich vor bestimmt 10 Jahren geschrieben habe:

„Wilder kraftvoller Mann", wo auch immer du bist und wer auch immer du bist: „Ich bin eine wilde, kraftvolle Frau geworden und lasse dich, so wie du bist. Ich will dich nicht zähmen und nicht verändern. Aber ich möchte auch nicht gezähmt und verändert werden. Ich bin endlich zu der Frau geworden, die ich nie sein konnte, weil ich durch „Mann" als Kind sexuell missbraucht wurde. Weil ich in meinem Leben, immer wieder meine Kraft an „Mann" abgab, statt für mich an erster Stelle zu sorgen. Weil ich mich nie wagte, mich auch in meiner Wut zu leben und für mich zu sorgen. Wenn meine „Wildheit" dich reizt, denke daran, dass dazu nicht nur Lust und Leidenschaft gehören, sondern auch Unabhängigkeit und gelebte gesunde Wut. Wir können uns gerne in dieser Wildheit begegnen. Willst du aber auch die sanfte, liebevolle Frau in mir erfahren, dann lerne mir das Fell glattzustreicheln, statt so zu handeln, dass es sich noch mehr sträubt, nur weil du denkst, dass das dazu gehört, um dich machtvoll, wild und frei zu fühlen. Wenn du die sanfte, liebevolle Frau in mir erleben möchtest, zeige mir, dass du mich auch halten kannst, wenn ich mal nicht in meiner Kraft bin, Angst mich überrollt und ich deinen Halt brauche. Denn ich kann nicht immer nur meine Stärke leben. Da wo ich heute stehe, möchte ich erfahren dürfen, dass du mit mir umgehen kannst, egal wie ich bin ... damit meine letzte Angst geht, mich in dir „Mann" zu verlieren - wenn ich mein Herz für dich öffne. Dann erst bin ich in der Lage, dir wirklich zu vertrauen. Dann erst können wir uns gegenüberstehen und uns in gleicher Höhe in die Augen schauen. Jeder frei in seinem Willen. Jeder authentisch. Wissend, wir haben uns nicht getroffen, um uns gegenseitig zu verändern, sondern darin zu unterstützen „sein" zu dürfen. Dann können wir uns frei von gegenseitigen Erwartungen FREIwillig beschenken.

Wilder Mann - schaffst du es, mich zu nehmen wie ich bin, dann werde ich mit dir versuchen eine Welt der Liebe und Freiheit zu erschaffen, die wir beide zuvor noch nie erlebt haben und wovon wir bisher nur träumen konnten." ENDE.

Ich war so zufrieden damals, als ich diesen Brief geschrieben hatte und heute muss ich schmunzeln. Oh ja, es tat gut diesen Brief zu schreiben, aber es verging noch sehr viel Zeit, bis ich die Katzenfrau leben konnte. Oder anders - die Raubkatzenfrau leben konnte. Ich lud mit diesem damaligen Brief den „wilden Mann" ein ... dabei war ich noch gar nicht die „wilde Frau". Jene Frau in uns, die wir brauchen, um die hingebungsvolle, sanfte, wahrlich liebende

Schmusekatze in uns, angstfrei leben zu können. Aber mir wurde eines Tages, glücklicherweise genau das Erlebnis geschenkt, welches ich brauchte, um die wilde Frau wecken zu können. Ein Erlebnis, da das gesträubte Fell der Katze endlich glatt gestreichelt wurde - von furchtlosem Mann. Eine Erfahrung, die so wichtig war für mich, weil ich von „Mann" angenommen wurde wie ich war und eben auch mit wahrlich gesträubtem Fell und Angst und Abwehr ihm gegenüber.

Diese Geschichte hier, welche ich einst schrieb, die gilt für den Alltag, wie auch für die gelebte Sexualität mit Mann. Ich denke, es ist eine Geschichte lesenswert für Frau, als auch für Mann.

Auch hier wollte eine Mitleserin ihre Worte mit einfließen lassen: „Ich habe die Katzenfrau gelesen und sehe gerade so viele mir bekannte Katzen vor mir. Alle haben ihre ureigene Persönlichkeit und sind so verschieden, unterschiedlicher können sie nicht sein. Eine legt sich stets vor dir auf den Boden oder hält dir ihr Hinterteil hin. Die andere ist königlich und es reicht nicht einmal für einen Schulterblick. Zwei sind so verängstigt, dass sie sich kaum aus ihrem Versteck wagen und andere schauen neugierig und gehen ihrer Wege.

Wenn du nicht achtsam bist, fängst du dir halt auch schon mal eine. Du musst die Stimmungen beobachten. So ist es auch mit uns Frauen. Es gibt Amazonen, die wissen, was sie wollen und es gibt die Hausmütterchen, die sich nicht hinterm Herd hervortrauen. Dann gibt es jene, die fest im Leben stehen, aber die Sicherheit in der Nähe erfahren möchten und die Selbstständigen, die liebevoll mit allen umgehen.

Es liegt an Mann sie königlich zu behandeln, denn er möchte schließlich auch wie ein König behandelt werden.

„Mann", beobachte wie sich die Frau verhält und merke dir, was sie mag und was nicht. Nicht nur hören, sondern ZUHÖREN und begreifen. Ignorierst du sie, wird sie dich ignorieren. Lässt du sie am langen Arm verhungern, wird sie dir Möglichkeiten wunderschöner Zweisamkeit entziehen. Alles verläuft nach dem Ursache-Wirkungsprinzip. Also erinnere dich an das bereits Gelesene und sieh sie täglich neu:

Weil eine Katze frisst das Futter, was sie gestern noch aß heute nicht. Das Futter, dass sie seit Jahren frisst, frisst sie heute auch nicht. Es ist HEUTE, und HEUTE ist euer erstes Kennenlernen und das solange, bis du sie wirklich und aufrichtig liebst."

Kurzfassung von Hans-Jürgen:

Hier möchte ich ein Zitat aus dem Kapitel übernehmen. Katzenfrau an Mann: „Wilder Mann - schaffst du es, mich zu nehmen wie ich bin, dann werde ich mit dir versuchen eine Welt der Liebe und Freiheit zu erschaffen, die wir beide zuvor noch nie erlebt haben und wovon wir bisher nur träumen konnten."

Dazu: „Mann" - willst Du nicht auch lieber „gemeinsam" wild & frei sein? Dann lerne, das Fell der Katzenfrau glatt zu streichen, statt es zum Sträuben zu bringen.

Raubkatze

Abschließen möchte ich das Katzenthema, mit einem Auszug aus meinem letzten Roman: „Tinka & Máire".

Maria schrieb Tinka, ihrer Freundin:

Eine Schmusekatze bist du sicherlich. So frage ich mich jetzt aber, zeigst du auch schnell genug deine Krallen? Haust du auch mal zu? Das frage ich deswegen, da ja in deinem Traum die Info kam, dass die „Raubkatze" in dir GANZ gelebt werden möchte. Es geht also darum, nicht nur die Hauskatzenenergie zu leben, sondern auch die der Raubkatze. Was ich am Meisten aus deinem Traum herausfühle, ist die Symbolik der Intuition. Vielleicht mag dein Seelchen, dass du noch mehr deiner Intuition, deinem Bauchgefühl folgst? Ob das stimmt, das weißt nur du. Fazit für mich wäre, es geht darum noch mehr in das Feld der weiblichen Energie einzutauchen. Noch geschmeidiger zu werden? Noch mehr das Frau sein, das Raubkatze sein, in allen Facetten zu leben? Ja, ich sehe dich gerade als eine Raubkatzenfrau, welche sich in Wollust und Wildheit genauso intensiv lebt, wie in der Sanftheit. Es könnte um die Vereinigung zweier Seiten gehen? Somit lande ich bei Bastet. Ich versuche es einfach zu halten. Bei den Ägyptern wurde diese als Göttin verehrt und unterschiedlich dargestellt. Mal als Katze, mal als Frau mit Katzen oder Löwenkopf. Bastet galt als Göttin der Liebe, Fruchtbarkeit, Freude, des Tanzes und war Beschützerin der Schwangeren. Als ich einst über sie recherchierte, stieß ich auf Sachmet, eine weitere Göttin, dargestellt, als Frau mit Löwenkopf. Ihre Unberechenbarkeit, machte sie sehr gefährlich und sie lebte ihre zerstörerische Wut. Bei den Recherchen las ich, die beiden seien unterschiedliche Göttinnen oder ich las, das Sachmet der negative Aspekt von Bastet sei. Also von ihr irgendwann abgespalten wurde. Das alles fühlte sich für mich aber irgendwie nicht stimmig an. Und jetzt lächle ich Tinka. Bastet die Sanfte. Sachmet die Wilde & Zerstörerische. Schrieb ich dir nicht gerade, es gilt diese beiden Seiten zu vereinen? Nein, sie sollten nicht voneinander getrennt sein. Für mich zumindest nicht. So freute ich mich sehr, als ich dann doch eine Geschichte fand, in welcher Sachmet durch Bastet und die Musik und den Tanz ihre Sanftheit fand. Somit wurden Sachmet und Bastet eins in meinen Augen. Verstehst du, was ich dir damit sagen möchte? In jeder von uns gibt es diese wilde, ungezähmte, zerstörerische Seite, aber auch die Sanfte. Leben wir sie nicht in ihrer Gemeinsamkeit, also nicht in der Balance, heißt das für mich, dass wir entweder zu zerstörerisch wirken oder eben keine Grenzen setzen können. Leben wir es vereint, dann kann die Sanfte, die Zerstörerische besänftigen, so dass ihr Zorn nicht übermächtig wirkt. Im umgekehrten Falle kann die Kraft der Sachmet uns helfen, uns selbst zu schützen, auch mal Krallen zu zeigen und wenn nötig mehr. Hauskatzen und Raubkatzenenergie vereint. Ja, so war das dann für mich stimmig damals und auch heute noch. Vereint sind sie liebevoll und kraftvoll. Bis bald. Umarmung Marie. ENDE.

Mein Wunsch:

„Mögen Frauen die Wolfsfrau in sich finden und möge der auch noch verwundete Mann, den Wolfsmann in sich finden. Mögen Frauen die Raubkatze in sich finden und mögen Männer mit ihr umgehen lernen." Hier steigt ein weiteres Bild in mir auf. Was würde geschehen, wenn ALLE Frauen, die durch sexuelle Übergriffe bis hin zur Vergewaltigung, tiefen Schmerz durch Mann erfahren haben, aufstehen und sich zeigen würden? Als ich das schrieb, erhielt ich einen Anruf einer lieben Bekannten. Wir plauderten über diese Thematik im Allgemeinen und Speziellen. Plötzlich fragte ich sie: „Was würde geschehen, wenn ALLE betroffenen Frauen AUFSCHREIEN würden?" Am anderen Ende war plötzlich Totenstille und dann erwiderte sie leise: „Mutter Erde schreit doch schon für uns. Sabine, mir wird gerade ganz komisch. Ich glaube selbst dieser Schrei aller Frauen, würde von „Mann" nicht gehört werden. Dass ich das so fühle, schockt mich gerade sehr." Nun, ich fühlte es wie sie und war auch geschockt, dass dem so ist.

Eine Mitleserin schreibt: „Mann, wenn du eine wilde Frau liebst, lass sie Katze, lass sie Wölfin sein oder helfe ihr, dies alles in sich zu finden. Sei dir DEINER selbst bewusst. Du hast es nicht nötig, die wilde Frau zu zähmen. Gehe durch deine Angst und strahle an ihrer Seite auf Augenhöhe. Erhebe sie und mache sie nicht kleiner, um selbst besser dazustehen. Freue dich über diesen unglaublichen Schatz, der sich dir zeigt und mit dir ist, solange du sie liebst. WAHRHAFTIG liebst, mit aller Aufmerksamkeit und Wertschätzung für dieses göttliche Geschenk!"

… und hier tauchen bei mir Worte vom Anfang des Buches auf und wollen noch einmal geschrieben werden: „Frau, brenne für dein „heiliges WARUM" … brenne für dein Frau sein und deine Urweiblichkeit … brenne für das, was dir wichtig & heilig ist … brenne für dein Herz und die Liebe, die du bist … lebe dein Feuer und leuchte. Werde oder sei, für „Mann" jene Schwelle, an der er nicht mehr vorbeikommt.

„Mann", finde auch du dein „heiliges Warum" und brenne dafür. Richte dich innerlich auf und brenne für deine Urmännlichkeit. Tritt über jene Schwelle der Frau die brennt für ihr heiliges Warum und lass dich ein, auf ein neues heilsames Miteinander.

… und hier mag noch ein für mich wichtiges Detail erwähnt werden. Ich kenne sehr viele Frauen, die nicht betroffen sind von sexuellen Übergriffen, welche aber in vielen Dingen, die ich hier geschrieben habe, genauso denken und fühlen. Sie sind nur nicht so leicht zu verletzen und stecken „nicht fühlenden Mann" besser weg, als es eine Betroffene kann.

(Bastet)

Kurzfassung von Hans-Jürgen:

„Mann", versuche niemals die Frau zu zähmen, sondern liebe sie, lebe mit ihr, streite mit ihr, sei mit ihr auf Augenhöhe ... nutzt Alles, was sich zeigt, für das gemeinsame Wachsen!!

Sabine: „Leben ist und braucht Veränderung!! ... und Wachstum!! ... und Feuer!! ... und Transformation!! ... alles andere ist wie „Lebendig tot sein." ... und im Kapitel schrieb ich ja schon: „Mutter Erde schreit schon, für das Weibliche ... und zeigt den Schmerz der Frauen. Dieser Schrei will gehört werden."

Vermännlichte Welt

Manchmal kommt es anders als man denkt, so auch mit dem Ende des Buches. Warum? Nun, es gab Gespräche, nachdem der Reiseführer fertig geschrieben war und die rührten mich an und machten mich nachdenklich. Ich hatte ein Erlebnis mit einer überautoritären, unempathischen Frau in hoher Position, welches mich absolut unwohl fühlen ließ. So unwohl, dass ich versuchte ihr zu vermitteln, was ihr Verhalten bei mir auslöste und wie sie damit viele Menschen betroffen machen könnte. Ich gab ihr auch ein Beispiel, wie sie sich anders verhalten könnte. Meine Worte kamen bei ihr an, da sie ihren Schalter auf „fühlen" stellte. Danach traf ich ein männliches Wesen, welches mich nun schon Jahrzehnte kennt, also um meine Geschichte des Missbrauchs weiß und meine Veränderung/Entwicklung mitbekommen hat. Ich erzählte ihm von meinem „Reiseführer" und von dem, was so für mich, da wo ich heute stehe, nicht mehr akzeptabel ist. Irgendwann erzählte ich ihm, was ich mit jener Dame erlebt habe und wie ich neu handelte. Er konnte, NEIN, er WOLLTE mich nicht verstehen - er wollte nicht „fühlen". Dies zeigte sich dadurch, dass er mich sofort verbal beschoss. Die Dame hätte doch nur ins Schwarze getroffen mit ihren Worten an mich und sie hätte vollkommen recht. Ruhig sagte ich zu ihm, dass es nicht ums Recht haben geht, sondern um die Art und Weise, wie Menschen zu oft miteinander kommunizieren und wie sie achtsamer miteinander reden könnten. Er beschoss mich weiter. Er haute verbal drauf und wieder drauf, obwohl wir so lange befreundet waren. Obwohl wir genau über solch ein Verhalten zuvor gesprochen hatten. Nein, falsch, ich hatte ja gesprochen ... von ihm bekam ich ein Augenbrauen hochziehen, als Antwort auf den Inhalt meines Reiseführers. Da rutschte mir raus, dass ich genau solche Situationen mit „Mann" so ganz und gar nicht mehr leiden kann. Wenn er einfach nicht bereit ist fühlend zu verstehen und anzuerkennen, dass der Umgang miteinander achtsamer sein kann. Er warf mir entgegen, dass meine Geschichte sich doch um eine Frau drehen würde. Da hat es bei mir klickedicklick gemacht und ich sagte: „Sie lebte als Frau, jene männliche, überautoritäre, unempathische Seite, von der ich im Buch schreibe." Da schoss er mir einen Satz entgegen, den ich in meinem Leben wahrlich zu oft gehört hatte: „Sabine, du hast einfach ein Problem mit Männern." Hier stand ich ohne weitere Worte auf, ging und ließ ihn sitzen.

ICH habe ein Problem mit Männern! Ich, die ich stets in meinem Handeln zu „Mann", wie auch in meinen Romanen zeige, wie wir die Chance haben Liebe neu und heilsam zu leben. Ja - klar - ich habe ein Problem!

Jenen Satz oder Ähnliches, hörte ich stets dann, wenn ein Mann nicht ins Fühlen gehen wollte/konnte, er keine Argumente mehr hatte und/oder mir sozusagen die Schuld zuschieben wollte. Ich hörte ihn dann, wenn letztendlich ICH bei IHM seine eigenen Wunden angerührt habe, welche er nicht fühlen wollte/konnte. Ich hörte ihn dann, wenn er nicht in der Lage war, seinen eigenen Schatten zu überspringen, falls er ihn überhaupt sah, und dann wird man persönlich, überschreitet Grenzen, schlägt verbal zu und verletzt. Weil es tut ja in einem selbst gerade so weh und das mag man so nicht. Ein mancher denkt jetzt vielleicht, ich würde hier einfach aus meiner Wahrnehmung eine Behauptung machen, aber dem ist nicht so. Glücklicherweise habe ich genau das oft genug im Nachhinein von „Mann" bestätigt bekommen.

Das alles erinnerte mich auch an Erlebnisse, glücklicherweise ewig lange her, wenn sich beim Mann, der kleine verletzte Junge zeigte, dann, wenn er beim Sex nicht bekam was er sich wünschte/wollte, weil ich, Frau, für mich sorgte, also Grenzen setzte. Da kam schon mal die Behauptung: „Ach Sabine, du hast halt Missbrauch erlebt und hast ein Problem."

Ich erfuhr es viel zu oft, dass mein erlebter Missbrauch auf diese Weise benutzt wurde, um mich in eine Ecke zu drängen, damit ich mich wieder als Opfer fühle. Ja klar, ich/Frau habe, NEIN - ich/Frau BIN das Problem. Ist doch ganz einfach - oder? Ich/Frau, das emotionale Wesen bin das Problem. Ich/Frau war ja schon im „Paradies" das Problem. Und ich hole jetzt nicht weiter aus. Nein, das tue ich nicht!!

Ich hakte das Erlebnis ab, aber das Leben führte mich dahin, das es mir weiteren Stoff fürs Buch brachte. Einer Frau, der ich vom Reiseführer erzählte, sagte im Anschluss zu mir, dass es auch viele Artgenossinnen gäbe, die agieren und sprechen wie Männer. Die sich dominant, überautoritär und gefühllos zeigen. Die sich verletzend verhalten, auf die gleiche Weise wie Männer es tun. Die ihre männliche Seite leben und die Weibliche unterdrücken. Und wie schlimm es ist, wenn Frauen sich auf diese Weise dann „bekriegen", statt zueinanderzuhalten.

Obwohl ich ihr da vollständig zustimmen konnte und ich mir wünschen würde, dass Frauen sich gegenseitig unterstützen, statt in jenes männliche Verhalten zu verfallen, das wir doch so gar nicht mögen, war etwas anderes in all diesen Sätzen für mich Priorität. Es war mir so wohlvertraut geworden, dieses ABER!!!

Ich antwortete ganz spontan aus dem Bauch heraus: „Und warum ist das so? Warum sind Frauen so geworden?" Irritiert schaute sie mich an und ich sprach weiter, ohne groß nachzudenken: „Ich las heute einen Bericht über das homöopathische Mittel Sepia. Das Mittel für missbrauchte Frau. Geschrieben von Barbara Schäfgen, von der Samuel-Hahnemann-Schule in Berlin. Was ich las, erschütterte mich, denn ich erkannte die Tragweite der Unterdrückung der Frau über Jahrhunderte. Wenn man diesen Bericht gelesen hat, wundert man sich nicht mehr, warum Frauen ihre weibliche Seite nicht mehr leben. Warum sie zu weiblichen Männern, in einer Männerwelt geworden sind. Warum die Welt vermännlicht ist. Ich kann auch gerne den Begriff „verkopft" verwenden. Was mich gerade noch fuchst bei deiner Aussage ist, dass egal um welche Handlungsweisen von Frau es geht, sei es, das man/n sagt, Frau soll zuhauen und sich wehren, wenn Mann Grenzen überschreitet ... sei es, dass Frau sich erklären und verteidigen muss, wenn sie sich mit #metoo Geschichten outet etc. etc. und in deinem Fall eben die Aussage: „So viele Frauen sind wie Männer." ... WIR Frauen stets diejenigen sind, die Schuld sind, die verändern müssen und überhaupt. Mit deiner Aussage hast auch du das nicht fühlende Verhalten besagter Männer, Frau gegenüber, bagatellisiert. Wieder steht das Verständnis und die Entschuldigung für „Mann", vor dem Erfahrenen der „Frau". Wieder ist es die Frau, welche die Folgen bearbeiten soll, anstatt das an die Wurzel des Übels gegangen wird. Auch die Vermännlichung der Frau und der Welt, ist das Werk eines ungesund gelebten Patriarchats, das es viel zu lange schon so gibt." Ihre erste Reaktion war ein schweres Schlucken und dann stimmte sie mir zu.

Tatsächlich war es dann auch so, dass im Laufe des Schreibens am Buch noch Weiteres kam, da ich wieder schwer schlucken musste. Vor 20 Jahren musste ich schon schwer bestimmte Aussagen verdauen, welche ich hörte, wenn die Nachrichten von einer Vergewaltigung sprachen. Ein Beispiel: „Na ja, mit Minirock sollte man Nachts auch nicht in Parkhäuser gehen." Die Krönung aber war, als es um den sexuellen Missbrauch eines Kindes ging und es tatsächlich Menschen gab, die meinten: „Man lässt sein Kind auch nicht so provokative Kleidung tragen." Oder gar: „Die hat mit 12 Jahren schon geflirtet wie eine Weltmeisterin." Schaue ich heute und wir sind im Jahr 2018, bin ich wahrlich fassungslos, wenn ich die RatSCHLÄGE lese, die Frauen bekommen, damit sie keine Vergewaltigung erfahren. Sie sollen keinen Alkohol trinken, Nachts nicht alleine unterwegs sein usw.. Jetzt müssen wir also nicht nur „reagieren", wenn es grenzüberschreitende Männer gibt, die nicht anders agieren, nein, wir müssen auch Vorsorge tragen, damit uns nichts passiert. Was für mich den Eindruck hinterlässt, wie es oben ja schon deutlich von Menschen mitgeteilt wurde, „Frau" ist mitschuldig, wenn sie … ! Ja wo leben wir denn?

Vermännlichte Welt - Frauen

In diesem Kapitel möchte ich eingehen auf einen Bericht von Frau Schäfgen über das homöopathische Mittel Sepia. Das Mittel der missbrauchten Frau:

Sepia: „Die Würde der Frau ist (un)antastbar". Doch die Frau wurde entwürdigt in den letzten Jahrhunderten im Speziellen in der Sexualität. Zitat: „Nach Angaben von 'Wildwasser' wird jedes vierte Mädchen von Vater, Onkel oder Stiefvater sexuell missbraucht. (…) Und wir haben geschwiegen und uns geschämt. Es war nur selten möglich, sich diesen Situationen dauerhaft zu entziehen, aggressive Abwehr war sozial nicht erwünscht und aufgrund der Abhängigkeit von diesen Männern, die oft Väter, Verwandte oder gute Freunde der Familie waren, nicht möglich. (…) Oft hat die Entwürdigung schon früher angefangen, nämlich bei der Zeugung. Vergewaltigung in der Ehe ist immer noch nicht strafbar und daher auch kein Thema. (Aktuell: Das Gesetz wurde 1997 geändert) Lange war Geschlechtsverkehr für Frauen nur eine eheliche Pflichterfüllung, zu der sie sich missbrauchen ließen, ohne jemals eigene Lust kennengelernt zu haben. Sie haben hingehalten und sich gefügt. (…) Die Schulmedizin in ihrem heutigen Zustand ist extrem Würde verletzend und zerstörerisch, und das, seitdem dieser Bereich den Frauen entzogen wurde. (…) "So lehrte im Jahre 1848 - dem Jahr der ersten Frauenrechts-Konvention - Dr. Charles Meigs seine Studenten, das Studium der weiblichen Organe werde sie in den Stand setzen, das Innerste, das Bewusstsein und die Seele der Frauen zu verstehen und zu kontrollieren. Die Klitoridektomie, zehn Jahre danach von dem englischen Isaac Baker 'erfunden', wurde von einigen amerikanischen Gynäkologen enthusiastisch begrüßt als eine 'Kur' gegen weibliche Selbstbefriedigung. 1852 erhob Dr. August Kinsley Gardner Kriegsgeschrei gegen 'liederliche Frauen' und dazu gehörten für ihn Frauenrechtlerinnen, Bloomer-Trägerinnen (Bloomers sind weite wallende Pumphosen, B.S.) und Hebammen. In den sechziger Jahren des vorigen Jahrhunderts verkündeten Dr. Isaac Ray und seine Zeitgenossen, die Ursache für die Neigung der Frauen zu Hysterie, Irrsinn und Kriminalität läge in ihren Geschlechtsorganen. Das Jahr 1873 verzeichnet die Veröffentlichung von Dr. Robert Batteys Erfindung der "weiblichen" Kastration, nämlich die Entfernung der Eierstöcke zur Heilung von "Wahnsinn". Die nächsten Jahrzehnte hindurch wurde die Eierstockentfernung bei den Gynäkologen zur Besessenheit; man behauptete, sie höbe die Moral der Patientinnen, fördere bei ihnen Umgänglichkeit, Ordnungsliebe, Fleiß und Sauberkeit." Unter diesen Umständen konnte das Symptom "gleichgültig gegenüber ihren nächsten Pflichten im Haushalt" und Aufsässigkeit von vornherein ausgemerzt werden. Dies sind also die Anfänge der Gynäkologie." [...] und heute: „Vergessen haben Frauen, dass ihnen aus machtpolitischen Gründen von der aufstrebenden Männermedizin und der daran ebenso beteiligten Kirche ihre uralte (Selbst-) Heilbefugnis und Kraft genommen wurde. [...] Zur Zeit der Hexenverbrennungen haben sich Frauen gegenseitig denunziert, um es ihren Männern und der Kirche recht zu machen. Töchter mussten zusehen, wie ihre Mütter verbrannten, und kleine Mädchen mussten, nachdem sie zugesehen hatten, wie ihre Mutter verbrannte, mehrmals barfuß durch die glühende Asche laufen. [...] Es wurde viel getan, damit sich Frauen nicht in Schwesterschaft und Vertrauen zusammenschließen. [...] Freud ist der Vater der

Psychologie und seine Gedanken spuken immer noch in vielen Theorien herum, ganz zu schweigen von den vielen Freudianern, die es tatsächlich immer noch gibt. Was hat Freud mit Sepia zu tun? [...] Das Problem am sexuellen Missbrauch ist, dass Mädchen und Frauen nicht genügend geschützt sind und dass die Täter gesellschaftlich geschützt werden. Was bei Frauen zurückbleibt, sind Scham, Angst und Ekel, Gefühle, die für Papa Freud Grund zur Therapie gaben. Hysterie." [...] So auch C.G. Jung. Zitat: „Er geht offen gegen starke Frauen vor, die vom Animus geritten werden. Durch seine Begriffe Animus und Anima legt er ganz deutlich fest, wie Frauen und Männer zu sein haben. Das Abweichende wird therapiert. Und wie? Aussagen: „In vielen Fällen hat der Mann das Gefühl, dass einzig Verführung, Prügel oder Vergewaltigung noch die nötige Überzeugungskraft hätten." "Die gehört mal richtig durchgefickt" höre ich Männer über anscheinend unbefriedigte Feministinnen sagen. "Denen fehlt doch bloß ein richtiger Mann, der ihnen sagt, wo's langgeht". [...] Wir sind in einer Welt aufgewachsen, in der alle übergeordneten Autoritäten Männer waren: Kinderarzt, Gynäkologe, Pfarrer, Schulleiter, immer wieder Lehrer, Politiker, überall immer nur Väter, die wissen, was für uns gut ist und uns danach formen, wie Gottvater uns aus der Rippe von Adam nach "seinem" Bild geformt hat. [...]

Menstruation der Frau. Zitat: „Wie war das früher? Die offizielle Geschichte erinnert sich nur noch daran, dass Frauen, die ihre Regel haben, unrein sind und von den anderen ferngehalten werden müssen (vgl. Genesis). Mir selbst wurde erzählt, dass Frauen nicht einkochen und bestimmte Nahrungsmittel nicht berühren dürfen, wenn sie ihre Periode haben. Das war nicht immer so. Als das Jahr noch 13 Monate hatte und ein Monat genau 28 Tage nach dem Monatszyklus der Frau zählte, war die Zeit der Menstruation ein heiliger Zustand, in dem Frauen besondere Fähigkeiten hatten und besonders empfänglich für Visionen und Prophezeiungen waren. [...] Die Menstruation entspricht dem Neumond, dem Winter und in der matriarchalen Mythologie dem Abstieg der Göttin - und somit jeder Frau - in die Unterwelt, aus der sie im Frühling, bzw. bei zunehmendem Mond, reich an Wissen und gereinigt wieder zur Erde und zum Leben emporsteigt. Diesen Abstieg in die Unterwelt können wir heute als Kontakt zum Unbewussten deuten. Er bedeutet Auseinandersetzung mit dem Schatten. [...] Im Blutvergießen der Frau liegt etwas Unkontrollierbares, Archaisches, Geheimnisvolles. Der männliche Umgang damit zeigt die Angst vor diesem Unkontrollierbaren, wie sich am Beispiel der 9 Millionen aufgrund von Hexerei ermordeten Frauen verdeutlichen lässt. Im Malleus Maleficarum, dem Hexenhammer heißt es: "Du sollst nicht das Blut einer Hexe vergießen!" Hexen wurden ertränkt oder verbrannt, nie jedoch enthauptet oder zerstückelt, obwohl auch das gängige Hinrichtungsmethoden waren. Warum? Diesem Tabu liegt der Glaube zugrunde, dass die Macht einer Frau in ihrem Blut liegt. Es geschieht "alle Hexerei aus fleischlicher Begierde, die bei Frauen unersättlich ist." [...] Was zeigt uns die Vergangenheit? Das Angst machende muss so zurechtgestutzt werden, dass es nicht mehr wiederzuerkennen ist. Dies ist so gut gelungen, dass nicht nur Männer es nicht mehr wiedererkennen, sondern auch wir selbst haben den Zugang zu dem verloren, was der Kirche und den Männern solche Angst gemacht hat, nämlich dem magischen Teil unserer Weiblichkeit. Wir haben in

Jahrhunderten gelernt, dass es nur Nachteile hat, eine Frau zu sein. Unsere Erfahrungen reichen vom Sati in Indien, den Hexenverbrennungen, über das Füße einbinden in China bis zur heute noch unter katastrophalen Bedingungen in Afrika und verschiedenen islamischen Staaten praktizierten Klitoridektomie zum Zwecke der "Reinigung", der "kosmetischen Verschönerung" der weiblichen Geschlechtsteile und der Vorbereitung auf die Ehe. [...] Was liegt näher, als so sein zu wollen, wie die, denen wir diese Nachteile zu verdanken haben. Was liegt näher, als unsere Weiblichkeit zu verleugnen oder so zu leben, wie es gesellschaftlich erwünscht ist, d.h. die dunkle archaische Seite zu negieren. [...] Wir wollen keine Gefühle mehr zulassen, weil sie so oft mit Füßen getreten wurden. Unser Körper erinnert sich besser als wir selbst und rebelliert." ENDE.

Der Gesamttext ist im Internet zu finden:
http://www.homoeopathie-
online.com/materia_medica_homoeopathica/sepia.html

Vielleicht wird nach diesen Auszügen jetzt „wirklich" verstanden. Ich bin sehr dankbar, dass mir dieser Text zugeschickt und dass er geschrieben wurde. Etwas, das ich während dem Schreiben noch fand, oder es fand mich durch ein Posting in Facebook, brachte mich dahin noch mal in Wikipedia zu nachschauen. Dort las ich: „Die letzte überlieferte Hinrichtung einer Hexe in Mitteleuropa fand 1793 in Südpreußen statt. [...] ." [...] Es war jedoch mit Sicherheit nicht die letzte „gerichtliche" Behandlung von Hexerei.[45]

Ich schrieb in einem der letzten Kapitel, dass ich mir wünsche, das wir Frauen die Wolfsfrau und die Katze (Bastet) in uns finden und leben. Das meint schlichtweg Lilith und Eva in uns wieder zu verbinden. Das heißt für mich auch, eine Kriegerin der Liebe zu sein. Ja, eine Kriegerin, aber nicht eine die mit gezücktem Schwert durchs Leben geht. Sondern eine, die voll Liebe und innerer Weisheit, in innerem Frieden, ihren Weg geht. Wissend, ihr Schwert ist bei ihr, wenn sie es WIRKLICH braucht.

Frau Schäfgen schreibt hier noch: „Der Archetyp von Sepia" Zitat: „Wir haben die Aufgabe, den Kontakt "hinter den Nebeln" wieder herzustellen, d. h. die Macht der Göttin wieder aufzurichten und die untergehende Männerwelt zu retten, d. h. aber auch, den Kontakt zur alten Welt in uns zu suchen und in die Unterwelt hinabzusteigen. Das kann nur geschehen, wenn Eros und Religion wieder vereint werden, im bedingungslosen JA zum Leben und zur Weiblichkeit! Frauen, die diese Aufgabe angehen können, sind die, die nicht mehr einseitig hassen können und die destruktive Rivalität zum Mann überwunden und begriffen haben, wie Männer zu Opfern ihrer selbst geworden sind, indem sie sich in den letzten 6000 Jahren der Führung der Frau entzogen und die Dinge verdreht haben." [...] „Frau muss ihre Würde wiederfinden. Dazu muss sie erstmal erkennen, dass sie ein Recht auf Würde hat und dass ihre eigene Würde am Boden zerstört ist. Oft fehlt das Bewusstsein für die eigene Würde, es ist zerstört und muss erst wieder aufgebaut werden. Dann ist es wichtig, zu erkennen, dass der würdevolle Umgang mit sich selbst die Bedingung dafür ist, dass andere mit der eigenen Person würdevoll umgehen. Der nächste Schritt besteht im Erkennen, dass der andere die eigene Würde nur verletzen kann, wenn man es zulässt. Nur wenn man selbst seine Würde bewahrt und sich nicht selbst entwürdigt, ist man auch vor der Entwürdigung durch andere geschützt. Dann kann sie auch verstehen, dass sie für ihre Würde nicht mehr kämpfen muss. Sie hat sie einfach. Es ist wichtig, keinen Stellvertreterkrieg mehr zu führen, sondern die eigene Problematik aufzuarbeiten, stellvertretend für die des Kollektivs. Außerdem liegt ein wichtiger Schritt im Erkennen, dass weibliche Befreiung mehr ist als Gleichberechtigung, und dass es nicht damit getan ist, so zu werden wie "die" Männer. Ein Opfer wird zum Täter gegen sich selbst, wenn es seine Betroffenheit nicht zeigt. In diesem Satz liegt der erste Heilungsschritt. Sie muss lernen, ihre Verletzung zuzugeben, ohne zu versuchen, auf derselben Ebene zurück zu kontern und sich dann mit der eigenen Verletztheit zurückzuziehen, was nur zu neuer Verletzung führt. Auf dieser Ebene stehenzubleiben heißt, sich als ewiges Opfer zu deklarieren und die Schuld bei den körperlichen und seelischen Vergewaltigern zu suchen."

Vermännlichte Welt - Männer

Wir hatten es ja schon davon, was Patriarchat letztendlich bedeutet und ich mag mal meine Wahrnehmung kundtun, was diese patriarchalischen Strukturen von negativ gelebter Macht und Herrschaft, auch mit Männern macht. Ja, mit IHNEN macht, meist ohne das sie es bemerken oder es sich bewusst machen. Mir fallen dazu Worte ein wie Härte, Kampf, Leistung(sdruck) und sofort sehe ich sie vor mir, jene Männer die schuften und schuften, welche sich all dem Unterordnen, um nicht unterzugehen und um zu bestehen. Weil sie nicht als Weicheier oder Versager bezeichnet werden wollen. Sie sind so in diesem gewohnten Trott, aus dem sie nicht ausbrechen können, welcher ihnen keine Zeit für sich selbst gibt, dafür aber immer mehr Leistungsdruck mit sich bringt. Stress ist die Folge und dieser geht nun mal früher oder später auf die Gesundheit. Ist so ein Leben lebenswert? Macht es WIRKLICH glücklich?

Oft wird der Leistungsdruck und die emotionale Belastung auch weggesoffen, statt sich Zeit zu nehmen, es fühlend aufzuarbeiten. Trinken scheint leichter zu sein. Letztendlich ist die patriarchalische, die vermännlichte Welt, die verkopfte Welt, eine Welt der Gewalt. Gewalt gegen andere UND letztendlich gegen sich selbst.

Das alles so zu leben und zu erfahren, also diese Form von Druck und Gewalt zu spüren, erzeugt Angst. Ja, ich bin mir sicher, das selbst wenn man all das versucht zu ignorieren, es im Unterbewusstsein wirkt. Diese Angst, welche sich sicher unterschiedlich zeigt und vielleicht auch gerne im Bewusstsein verdrängt wird, die wirkt, ob man/n das möchte oder nicht. Angst bringt einen dazu, eine Mauer um sich aufzubauen. Hat man eine Mauer um sich, geht man auf angstvolle Distanz und fühlt schlichtweg kaum noch den anderen. Somit hat man, wie leider viel zu viele Menschen, dieses Nähe-Distanz-Thema, da man WIRKLICHE Nähe, gar nicht zulassen kann. Dieser Zustand aber bringt letztendlich Isolation. Und all das nur, um die Kraft zu haben, das zu leben, was Männlichkeit zu sein scheint.

UND ich sehe jene Männer vor mir, welche all diesen Ansprüchen nicht gerecht werden können, weil sie zum Beispiel krank sind etc. und jene, die im Alter, dem allem nicht mehr gewachsen sind, oder wenn sie in Rente gehen und die Arbeit, über welche sie sich bisher identifizierten, wegfällt. Ich nehme wahr, wie sie darunter leiden, nicht (mehr) ihren Mann stehen zu können, so wie es zu sein hat und wie sie es gewohnt waren. Sehe wie sie sich „falsch" & „wertlos" fühlen. Das wiederum führt dahin, dass sie sich selbst nicht (mehr) wertschätzen und als Versager fühlen.

Ist es „Mann" bewusst, dass diese Einstellung letztendlich nur zu einem stressreichen, verkürzten und schlechtem Leben führt? Ist ihm bewusst, dass er eigentlich dadurch zu einem Verlierer wird? Denn dieses nicht wirklich fühlen können, was zu oft noch der Fall ist, also das Verlieren von Empathie, wenn man hinter dicken Schutzmauern steht, weil der Leistungsdruck sonst nicht zu tragen ist, führt zu Isolation und noch viel mehr. Männer werden dann lieblos sich selbst gegenüber und werden somit leichter depressiv oder aber auch gewalttätig, in welcher Form auch immer. Jedes gewalttätige Verhalten zu anderen, ist aber ein gewalttätiger Akt gegen sich selbst.

Hier noch einmal zum Patriarchat und zum Denken, dass man etwas leisten muss, um geliebt zu werden oder überhaupt eine Berechtigung zu haben, zu existieren … das ist meiner Wahrnehmung nach nicht der Richtige, sondern ein selbstzerstörerischer Weg. Letztendlich versteckt sich „Mann" damit nur hinter der Fassade dessen, wie ein Mann zu sein hat, was er ja so gelernt hat, damit man den verletzten Jungen nicht entdeckt. Jenen verletzten Anteil in ihm, den er selbst nicht wahrnehmen und fühlen möchte/kann. Aber genau darum geht es. Den eigenen tiefen Schmerz zu spüren.

Und erst wenn wir Frauen diesen verletzten Jungen, hinter dieser Fassade sehen, fühlen und erkennen, also TROTZ der aufgebauten Mauern, können wir den Menschen und nicht nur den Mann wahrnehmen.

Wenn ein Mann die Mauern einstürzen lassen kann und keine Rollen mehr spielt, und sei es nur erst einmal für einen Versuch, also einen Moment, wird der verletzte Junge sichtbar werden. Dann fällt alles Falsche, alles was er bisher lebte, einfach weg. Umso wichtiger ist es, dass er in diesem Moment der Offenheit, die ihn verletzbar macht, GEFÜHLT, statt verletzt wird.

Aber viele Männer haben schlichtweg Angst, die Mauer fallen zu lassen, weil sie denken, dass sie dann ihre Macht verlieren. Das, was sie als „Macht" verstehen. Doch wahre Macht ist, seine Stärken und scheinbaren Schwächen zu leben. Wahre Macht ist, stark zu sein, aber sich auch in seiner Verletzlichkeit und seinen Gefühlswelten zu zeigen. Also die Männliche, wie auch die weibliche Seite in sich zu leben.

Wir Frauen können für „Mann" da sein, dann wenn wir seinen versteckten, isolierten Schmerz fühlen … aber Achtung … fühlen, nicht für ihn tragen. Ein ganz wichtiger Aspekt. Das wiederum können wir nur so leben, wenn wir selbst an uns arbeiten, alte Wunden heilen lassen und in unsere Kraft gehen. Dazu gehört auch bei uns dazu, für unser verletztes inneres Kind zu sorgen.

Hier fällt mir ein Zitat von Ilan Stephani ein. Sie schreibt: „Männer halten sich selbst für wertlos. Wenn wir wollen, dass Männer ein anderes Frauenbild haben, dann müssen wir ihnen ein anderes Selbstbild ermöglichen."

Mein Wunsch ist es, diese männlichen Erfindungen von Herrschaft, Macht und Gewalt, abzulegen. So ist mein Motto, und da habe ich sogar ein T-Shirt davon: „Die Zukunft ist feminin." Damit ist gemeint und gewünscht, dass wir, wie es stets wieder im Buch niedergeschrieben wurde, FÜHLENDER, also empathischer werden. HERRSCHAFT war, ist und bleibt destruktiv, zerstörend und absolut kontraproduktiv für jeden persönlich und für ein harmonisches Miteinander.

Schlussworte & Info der Autorin

Ja - ENDE ... mit dem Reiseführer. Mein Wunsch ist, das „Mann" all die Worte fühlend verstehen konnte. Vielleicht erreichten die Worte von Hans Jürgen weitere Männer. Vielleicht findet sich auch die eine oder andere Frau wieder, in jenem Verhalten, welches weder für sie noch für Mann förderlich war/ist und mag nun neu handeln. Gemeinsam verändern. Gemeinsam wachsen. Der Liebe, wie sie sein kann, eine Chance geben!

Hier noch einmal: Männer verletzten Frauen. Frauen verletzten Männer.

Es wird Zeit zu verstehen, dass das eine das andere ergab und die Spirale sich fortsetzte.

Es wird Zeit, die Vergangenheit hinter sich zu lassen, sich gegenseitig zu verzeihen und ein neues Denken und fühlen zu erreichen.

Es wird Zeit, daran zu glauben, dass es möglich ist, dass wir neu miteinander umgehen können und das wir nicht in jeder Begegnung, in einer solch inneren Habachtstellung sind, dass das Neue gar keine Chance hat.

Es wird Zeit, dass wir miteinander wachsen, was bedeutet, sich darin zu üben, Dinge nicht mehr zu sehr persönlich zu nehmen, wissend, jeder hat seine eigene Geschichte, die sein Verhalten prägt.

Es wird Zeit, dass wir offen und ehrlich miteinander sprechen und verständlich machen, was bestimmte Dinge mit uns machen und warum, damit wir verändern können.

Es wird Zeit, dass jeder bei sich selbst hinschaut, damit Heilung kommen kann und der Weg gemeinsam gegangen werden kann.

Es wird Zeit, dass wir uns unsere verletzten Kinder zeigen, damit wir uns gegenseitig als Menschen wahrnehmen können und nicht nur als Männer und Frauen, die scheinbar so unterschiedlich sind. Wir sind Menschen die denken und fühlen können und das

Ziel ist meiner Wahrnehmung nach, dass Mann & Frau/denken & fühlen, ihre Balance finden.

Ein Dankeschön an Euch, für das Lesen des Buches, für Euer sein. Wir sind alle auf unserem Weg ...

Sabine Carola

Liebe Leserinnen und Leser

Ich hoffe das Buch hat gefallen und angeregt - auf welcher Ebene auch immer :-). Sicherlich war das eine oder andere provozierend, aber mir ist es eben wichtig, Dinge immer wieder zu hinterfragen. So wie es mir persönlich wichtig ist, jene Dinge anzusprechen, über die gerne geschwiegen wird.

Wer auch immer das Bedürfnis hat, mir Erzählungen zukommen zu lassen, welche gut in einen Folgereiseführer passen würden, der kann das gerne tun.

Nun hier noch ein Herzensdankeschön an ALLE, die mir halfen diesen Reiseführer wahr werden zu lassen, ob offiziell oder im Stillen. Ich weiß dies sehr zu schätzen. Und natürlich auch ein Danke an meine Freundin Angelika Lehnert, welche für mich die Korrektur übernahm.

Wie Sie sich vorstellen können, oder Du dir vorstellen kannst, steckt sehr viel Zeit, Wirken und Herzblut in diesem Projekt. Und nicht nur meines. Daher habe ich hier noch eine Bitte:

„Ich würde mich unendlich freuen, wenn Sie oder Du, Zeit und Muse für ein Feedback finden würdest. Dieses Feedback muss nicht perfekt sein im Ausdruck oder im Schreiben. Ich höre immer wieder von Menschen, die mir erklären: „Ich kann so was nicht schreiben." Das ist Quatsch. Es reicht vollkommen, wenn das Herz Worte findet. Sei ruhig perfekt unperfekt.

Feedback kann auf meiner Amazonseite, BoDseite oder auf meiner Autorenseite in Facebook hinterlassen werden. Wer anonym bleiben möchte, kann mir auch gerne eine private Nachricht zukommen lassen.

So verbleibe ich mit herzlichen Grüßen
Sabine Carola Pahlke

Homepage: www.Sabine-C-Pahlke.de
Facebook zu finden unter: Sabine C. Pahlke Autorin

Autorinneninfo:

2018

Sabine Carola Pahlke wurde am 26. Januar 1965 an der Bergstraße geboren. 2013 veröffentlichte sie ihr erstes Buch „Spannende Leichtigkeit - Lara und das Abenteuer Leben", ein Roman, in dem sie als Autorin das reale "Tagebuch der Lara" mit ihren eigenen Worten gestalten konnte. Weitere Bände folgten. Seit 30 Jahren ist das Schreiben ihr besonderer Begleiter. Zugleich lebt sie ihre Berufung als Seelenbegleiterin und Autorin, begleitet von ihrer Familie in der geliebten Heimat.

Mit ihren Romanen schafft sie es den Leser durch spielerische Leichtigkeit und Spannung mitzureißen und dabei noch das komplexe Gesellschaftsgefüge zu vermitteln. Durch ihre sensitive und dabei klare, humorvolle, sowie bodenständige Sprache erfasst sie das Berührende und Bedeutsame im Wesen ihrer Charaktere.

Sie schildert anschaulich eindringliche Begegnungen und Situationen, die voller Authentizität stecken. Wunderbar warmherzig und sinnlich werden Liebeserfahrungen geschildert, welche gleichzeitig auch als Bewältigung eines wichtigen Sozialthemas zu betrachten sind.

Eine Leserin schreibt: „Laras Tagebuch, die sehr persönliche Geschichte einer Frau auf dem Weg der Befreiung, zeigt wie ein Brennglas die Lebensthemen und Gefühle einer ganzen Frauengeneration. Was Doris Lessings „Goldenes Notizbuch" für die fünfziger Jahre des letzten Jahrhunderts war, ist „Spannende Leichtigkeit" für die Neunziger: „Ein Abbild für die Wandlungen und Herausforderungen einer Dekade"."

Spannende Leichtigkeit - Lara und das Abenteuer Leben

Gekürzte Neuauflage: 2017 - Taschenbuch/E-book - 532 Seiten - Euro 16,99 - ISBN: 9783744812566
Zu Bestellen bei: Ihrem Buchhändler & Book on Demand & Amazon

Lara öffnet ihr Tagebuch und steigt hinab in die Tiefen ihrer Seele. Erneut Single, nach 18 Jahren Ehe, stürzt sie sich mit unbändiger Freude, Neugier und auch Scheu in das Abenteuer Leben. Sie möchte die Männerwelt neu entdecken, sich selbst finden, ihrer Intuition und ihren Träumen vertrauen. Es kommt zu einer ganz besonderen Begegnung mit Johannes, dem Mann den sie aus ihren Träumen schon kennt. Eine Begegnung welche sie in einen Wirbel noch nie erlebter Liebe, lustvoller Sexualität und tiefer in ihre Träume eintauchen lässt. Sie ahnt nicht dass er und kommende Ereignisse, sie in die Vergangenheit zurück katapultieren werden und damit in eine Achterbahnfahrt der Gefühle.

Ein Roman, mitten aus dem Leben, leicht, berührend wie ein wohltemperiertes Klavierkonzert, verletzlich und hart wie Heavy Metal. Widersprüchlich, irritierend, aber auch sanft, friedlich und versöhnend wie die ersten Sonnenstrahlen die einen Wald durchfluten. Sie werden mitgerissen werden von Laras Erlebnissen.

Spannende Leichtigkeit - Laras im Dschungel der Gefühle

Erscheinungsjahr 2015 - Taschenbuch - 424 Seiten - Euro 14,99 - ISBN: 9783739268545 - E-book
Zu Bestellen bei: Ihrem Buchhändler & Book on Demand & Amazon

Erneut öffnet Lara ihr Tagebuch. Das Abenteuer Leben geht weiter mit Mike, der alten und Johannes, der neuen Liebe. Laras Weg führt sie in einen Dschungel der Gefühle. Es gilt nun ihren ureigenen Weg zu gehen. Einen, den Lara sich Schritt für Schritt selbst erschafft. Manchmal erscheint er als schmaler Pfad: „Der Pfad der Selbst-Liebe". Manchmal erscheinen wunderbare Lichtungen und Rastplätze. Wie Lara ihren Weg durch den Dschungel der Gefühle erschafft und sich immer wieder selbst neu erfindet, erzählt dieses Buch.

Lara schafft es stets Angst in Mut, Hoffnungslosigkeit in Zuversicht und Vertrauen zu wandeln. Aus Leiden und Zweifeln wachsen Kraft und Eigenverantwortung. Die Liebe ist der Weg und überwindet alles ... . Begleiten Sie Lara auf ihrem „Pfad der Selbst-Liebe". Erleben Sie mit ihr, welche Geschenke das Leben bereit hält, wenn man mutig, offen und authentisch ist. Wundersame und überraschende Erlebnisse. Erfüllende Sexualität mit liebevoller Nähe. Tauchen Sie mit Lara ein in die Welt ihrer Träume, die sich immer klarer in ihrem Leben manifestieren. Laras neue Welt und ein Start in ein neues Leben.

Spannende Leichtigkeit - Lara und die Gezeiten des Meeres

Erscheinungsjahr 2017 - Taschenbuch - 464 Seiten - ISBN: 9783743179974 - Euro 14,99 - E-book
Zu Bestellen bei: Ihrem Buchhändler & Book on Demand & Amazon

„Nie hätte ich nur im Ansatz vermutet, dass das Leben noch spannender, aufwühlender, aber auch leichter oder eben alles zugleich werden könnte." sind die ersten Worte in Laras Tagebuch.

So wie das Meer bewegt sich das Leben. Ebbe und Flut - folgen den Gezeiten von Mondin und Sonne. Lara beginnt, sich den Gezeiten des Meeres hinzugeben. In den stillen Phasen taucht Lara ein in ihre Welt der Träume & Symbole. Sie versteht die reiche Sprache ihrer innersten weiblichen Kraft. Voll Freude folgt sie dann der Flut des Meeres und taucht ein in die Welt der Liebe & Sexualität. Johannes, ihr beständiger Herzensmann & Lehrmeister, begleitet sie weiter dabei, doch Mike, die alte Liebe, beschließt abzutauchen. Neue „Meister ihres Seins", werden vom Wellenspiel des Meeres in ihr Leben getragen. Mit ihnen genießt und verfeinert sie das „Spiel der Liebe".

Tauchen Sie mit Lara ein in das Meer der Gefühle, mit all seinen Facetten. Erfahren Sie, wie reich das Leben einen beschenkt, wenn man mutig und offen durchs Leben geht.

Kurzgeschichten " Lealöwins zauberhaftes Rudelleben"

Erweiterte & bearbeitete Neuauflage 2017 - Taschenbuch - 128 Seiten incl. Fotos - Euro 5,99 - ISBN: 9-783741-254123- E-Book Zu Bestellen bei: Ihrem Buchhändler & Book on Demand & Amazon

Werden Sie in ihrem Leben von Hunden und/oder Katzen begleitet? Oder lieben sie diese Fellnasen einfach nur über alles? Dann wissen Sie was man mit den liebevollen Wesen alles erleben kann. Am Besten stürzen Sie sich gleich auf die in leichter lebendiger Weise geschriebenen Anekdoten aus dem Leben der kleinen Lea, genannt Lealöwin. Die Geschichten werden ein Lächeln in ihr Gesicht zaubern.

Es erwarten sie die Abenteuer der kleinen Löwin ab jenem Tag, da sie ihr neues Zuhause bei ihrem Frauchen der Autorin Sabine C. Pahlke fand. Wunderschön werden Leas Erlebnisse mit Sheela der Glückskatze, der Siamkatze Lunalady, dem Scottishfold-Straßenkatermix O`Malley und der norwegischen Waldkatze Marie geschildert. Sie werden das Gefühl haben mitten im Rudel zu sein, denn ihr Kopfkino wird beim Lesen aktiviert werden. Mit schönen Fotos werden die Tiere gleich zu Beginn vorgestellt, damit Sie auch sehen können, um wen es in den Geschichten geht.

Tinkas Lieb-Haber - P.S. ... freu mich auf dich :-*

Erscheinungsjahr 2017

Hörbuch-DVD - Gesamtzeit: 20:01:23 - incl. 35 Min. "Lustiges beim Aufnehmen" - direkt bei mir (S.Pahlke@p4dm.de) - Euro 6,90 ohne Versand / Euro 9,60 incl. Versand

Taschenbuch - 448 Seiten - Euro 13,99 - ISBN: 9783743136465 - E-Book.
Zu Bestellen bei: Ihrem Buchhändler & Book on Demand & Amazon

Reale Geschichten verschiedener Menschen, plus einer großen Portion Fantasie verschmolzen miteinander, wurden zu diesem Roman.

Tinka erzählt frisch, fröhlich, frei und absolut nicht fromm, von ihrem virtuellen und realen Liebesleben. Sie zeigt sich lieb und frech. Zärtlich und leidenschaftlich. Scheu, aber auch schamlos. Verständnisvoll und provozierend. Tiefgründig und mutig.

Bronzene Leopardenfrau - Die Macht der Weiblichkeit

Taschenbuch - 380 Seiten - Euro 12,99 - ISBN: 9 783748 157434 - E-Book.

Zu Bestellen bei: Ihrem Buchhändler & Book on Demand & Amazon

Tinka ist eine Singlelady voller Leichtigkeit und Daseinsfreude, welche das Leben und die Liebe liebt und dieses mit ihren Lieb-Habern genießt. Auf Teneriffa begegnet sie Maìre, Mutter zweier Kinder, welche Tinka im Anschluss in ihren Briefen erzählt, wie ihr Ehe,- und Liebesleben, Jahre zuvor auf den Kopf gestellt wurde und sie innere Ketten sprengte, nachdem sie "ihrem" Krieger begegnete.

Beim Schreiben fließen ihre Erfahrungen mit der spirituellen Welt mit ein, was für Tinka neu und faszinierend ist. Obwohl die beiden Frauen so unterschiedlich sind, können sie sich füreinander öffnen, weil ihre Weise zu lieben sich sehr ähnelt. So tauchen sie gemeinsam ein in Liebe, Sexualität & Spirit, erforschen die Essenz der „Macht der Weiblichkeit" und die Leopardin begleitet sie.

So kommt dann eine überraschende Wende in Tinkas Leben …